ESTRA TEGA

A mis hijos Roy y Vanessa

Acerca del autor

Preparador mental de deportistas de alto rendimiento (Cuba). Director de Recursos Humanos, Calidad e Inversiones en empresas del sector siderúrgico y petrolero. Vicepresidente del Grupo Industrial Siderúrgico ACINOX.

Consultor de empresas petroleras o asociadas a la siderurgia, así como de emprendedores y pequeños empresarios privados.

Autor de variadas publicaciones relacionadas con la excelencia empresarial.

Información de contacto:

rodecastellanos@gmail.com

https://www.linkedin.com/in/rodeloy-castellanos/

PRÓLOGO

"Ver después no vale, lo que vale es ver primero y estar preparados"

José Martí

De eso trata este libro, de infundir al lector una convicción clara acerca de la importancia del pensamiento estratégico y el liderazgo. Saber intuir y multiplicar esas visiones. Ser un enérgico defensor de la necesidad de abrir nuestra mente y comprometernos con el cambio.

Esto no se hace solo, debes crear tu equipo a toda costa, conducir el proceso, potenciar la base, darle un adecuado balance a tu cartera de negocios. En estas páginas encontrarás, respectando el interés prescriptivo de la obra:

- Un perfil psicológico del Estratega genuino.

- Las características que tiene el Proceso Estratégico.

- Una Caja de Herramientas para el análisis.

- Las bases de un balance de fuerzas para definir tu Ventaja Competitiva.

- Todos los tipos de Estrategia de Empresa y Negocios que podrías utilizar.

- Técnicas de Implementación: Cuadro de Mando Integral y Dirección por Objetivos

ESTRATEGA. Pensamiento, Herramientas y Acción

Al momento de recapitular regresaremos a una idea implícita en cada página, y que se explicita en algún momento de la obra: son la gente, el factor humano, su motivación y aspiración de triunfar los que definen la victoria. Por eso incluimos un conjunto de lecturas complementarias que resumen las ideas más avanzadas sobre la Gestión del Capital Humano y en lo que habrá de convertirse esta actividad.

Rodeloy Castellanos Cruz
Cutler Bay, Florida, septiembre 2017

¿QUÉ OPINAN LOS PRIMEROS LECTORES?

He tenido el honor que dos conocedores de Estrategia Empresarial, amigos además, fueran las primeras personas en leer este trabajo. Inevitablemente inspiraron cambios importantes, se tomaron en serio la tarea, aconsejaron la inclusión de alguna nueva técnica o reflexión imprescindible, lo cual desembocó en un resultado que nos complace un poco más a todos. A ellos les quedo, por su ayuda y criterio, infinitamente agradecido.

Estas son sus apreciaciones:

"… Refleja conceptos, métodos y técnicas de una indudable actualidad científico-técnica, y aparecen expresados con una frescura que une la didáctica con la autenticidad (…) no es un libro con pretensión académica o para académicos –aunque cuenta con rigor argumental y literatura científica actualizada – sino para la práctica inmediata, al tratar, como lo plantea él mismo, "integralmente cuestiones de proceso y contenido", intentando "contemplar todas las alertas importantes, en particular aquellas relacionadas con la importancia trascendental del factor humano". Loable es el resultado de este consultor de empresas, que un bien hará si su lozano mensaje llega a los directivos de empresas y sus colaboradores, y más para multiplicar su impacto, si llega a los tantísimos gestores de los trabajadores y de sus organizaciones laborales que se desempeñan esforzadamente con tal responsabilidad en nuestro país".

Dr.C. Armando Cuesta Santos. Profesor Titular. Facultad de Ingeniería Industrial. Instituto Superior Politécnico José Antonio Echeverría CUJAE.

ESTRATEGA. Pensamiento, Herramientas y Acción

"Traduce la complejidad del tema *estrategia* en un texto sencillo, accesible a directivos y cuadros, no solo del sector empresarial; combinando frescura y rigor, descomponiendo concepciones en herramientas prácticas que le ofrecen en definitiva al lector una guía flexible para transformar la realidad de la organización. Con excelente dominio de conceptos, teorías, herramientas y autores de estrategia empresarial, no pretende ser un compendio frío, sino un diálogo vivo y reflexivo, orientado a la práctica, como lo define el propio autor. Esperamos que su libro llegue a directivos y empresarios comprometidos con su realidad".

Msc. Roberto J. Pérez Palacios. Profesor de Estrategia y Administración Empresarial. Centro de Estudios de Técnicas de Dirección. Facultad de Ingeniería Industrial. Instituto Superior Politécnico José Antonio Echeverría CUJAE.

ESTRATEGA. Pensamiento, Herramientas y Acción

CONTENIDO

PRÓLOGO 3

¿QUÉ OPINAN LOS PRIMEROS LECTORES? 5

CONTENIDO 7

CAPÍTULO 1. LA ACTITUD ESTRATÉGICA 10

   1.1. Examen de un prototipo de estratega 12

CAPÍTULO 2. EL PROCESO ESTRATÉGICO 19

   2.1. Modalidades del Proceso 20

      2.1.1. Carácter Simbólico 21

      2.1.2. Carácter Transaccional 22

      2.1.3. Carácter Generativo 23

   2.2. Materializando el Proceso 23

CAPÍTULO 3. ÚTILES PARA LA REFLEXIÓN ESTRATÉGICA 25

   3.1. Caja de Herramientas del Estratega 26

      3.1.1. Árbol de Competencias 26

      3.1.2. Segmentación en Áreas de Actividad Estratégica 27

      3.1.3. Análisis de la Cadena de Valor 29

      3.1.4. Ciclo de Vida de los Productos – Servicios – Mercados 31

      3.1.5. Análisis de la Cartera de Actividades 34

      3.1.6. Análisis Morfológico. Método de Escenarios 36

CAPÍTULO 4. DIAGNÓSTICO ESTRATÉGICO 43
4.1. Matriz de Balance de Fuerzas 45
4.2. Fuerza Impulsora y Factores Críticos de Éxito 47
4.3. Resumen del proceso de Reflexión y Diagnóstico 48
CAPÍTULO 5. VALORES – MISIÓN – VISIÓN 50
5.1. Valores estratégicos 50
5.2. Misión 55
5.3. Visión 61
CAPÍTULO 6. PLANTEAMIENTO ESTRATÉGICO 65
6.1. Estrategias Genéricas y niveles de aplicación 71
6.2. Estrategias a nivel de Unidad de Negocio o Áreas de Actividad Estratégica 72
6.2.1. Tipología de Porter 73
6.2.2. Tipología de Miles y Snow 74
6.3. Estrategias Corporativas 75
6.3.1. Estrategias de Mantenimiento 75
6.3.2. Estrategias de Expansión 76
6.3.3. Estrategias de Diversificación 77
6.3.4. Estrategias de Saneamiento 78
6.3.5. Estrategias de Liquidación 78
6.4. Objetivos Estratégicos 79
6.4.1. Elaboración de Objetivos. Mapa Estratégico 80

6.4.2. Algunos Objetivos Estratégicos y sus Perspectivas 83

    6.4.2.1. Objetivos característicos desde la Perspectiva Financiera 83

    6.4.2.2. Objetivos característicos desde la Perspectiva del Cliente........ 83

    6.4.2.3. Objetivos característicos desde la Perspectiva de Procesos Internos.. 84

    6.4.2.4. Objetivos característicos desde la Perspectiva de Aprendizaje y Desarrollo 84

CAPÍTULO 7. PLANTEAMIENTO TÁCTICO... 86

  7.1. Dirección por Objetivos 86

CAPÍTULO 8.IMPLEMENTACIÓN 91

EPÍLOGO... 95

RESUMEN SUMARIO POR CAPÍTULOS 100

CAPÍTULO 1. LA ACTITUD ESTRATÉGICA

La gran mayoría de los trabajos que podemos encontrar sobre Estrategia abundan en consideraciones sobre cómo competir con mayor eficacia, qué variables intervienen y definen este proceso, pero es un hecho que pasan por alto con bastante frecuencia la figura del Estratega y su distintiva personalidad. Podríamos contar las excepciones, una de las más notables quizás: "La Mente del Estratega" (1990) de K. Ohmae.

Por supuesto, donde quiera que el pensamiento científico deja una brecha, allí se instala el arte y es así como encontramos múltiples aproximaciones al estratega en excelentes biografías sobre Genghis Khan, Alejandro Magno, Julio Cesar, y tantos líderes y caudillos que marcaron la historia universal.

Más cercanos al Caribe y dentro del propio decursar de nuestra historia también sentiremos el impacto de un Simón Bolívar, un Emiliano Zapata, Máximo Gómez, Antonio Maceo, José Martí... la lista sería francamente interminable. Todos han grabado emotivas hazañas, momentos difíciles, profundos avatares espirituales, iniciativas creadoras, visiones compartidas generadoras de nuevas realidades, escenas que desembocan en un perfil psicológico característico que la literatura sobre estrategia descuida más de una vez.

Por todo esto es importante comenzar nuestro andar hacia la Gestión Estratégica examinando un modelo posible del estratega que a la vez posibilite revisar nuestro desempeño y plantearnos metas de desarrollo. Necesitamos reconocerlo, sin la actitud correcta seguramente seremos un estorbo cuando se intente proyectar estratégicamente la empresa. La mente del estratega ya superó prejuicios, lamentos, indecisiones, también la baja disposición al riesgo o el no querer soñar.

Un estratega interroga a la vida. Cuenta con cierto carisma fascinante, nos seduce justo lo que le hace diferente a la media: no está conforme, espera más, está seguro de sí, busca buenas preguntas en cualquier parte y, fundamental, ha asumido que le toca a él y a nadie más construir el futuro que sueña y le apasiona. La gran mayoría de las personas, en cambio, tienden a esperar que las cosas pasen, no se conocen lo suficiente ni se encuentran lo suficientemente entusiasmadas por su destino.

Resumamos pues las cualidades que podríamos considerar prototípicas de un Estratega (ver figura 1)

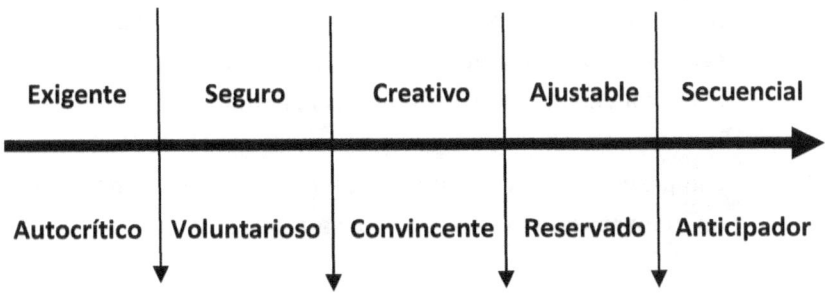

Figura 1. Prototipo de Estratega. 10 rasgos fundamentales

Esta imagen es un esquema comprensivo de las características del estratega. Cada atributo alcanza todo su sentido y se beneficia del rasgo anterior y siguiente. Hagamos un análisis más detallado.

ESTRATEGA. Pensamiento, Herramientas y Acción

1.1. Examen de un prototipo de estratega[1]

"¿Cómo podríamos pensar en actuar como un estratega sin mirar a lo lejos, a lo ancho, a lo profundo; tomar riesgos, pensar en el hombre?... Contemplando el futuro se transforma el presente" (Berger, 1964. Cit. por Godet, p. 9)

Para G. Berger el futuro se convierte en la razón de ser del presente. Esa es la actitud distintiva del estratega, que no mira sólo al aquí y ahora, el corto plazo, sino que todo gana sentido cuando se enfoca en la distancia. El estratega básicamente está enfrascado en conquistar el futuro.

Se aprecia que hablar de estrategas es hablar de un cambio de actitud importantísimo. Para quien, por causa de la educación e instrucción recibida, experiencias, estímulos, cultura, etc., su estilo de pensamiento es más bien tradicional, esta *Actitud Estratégica* viene a ser una verdadera revolución mental, un cambio de paradigma que le convertirá en una persona más plena, ante todo, porque percibirá que ha recuperado el control, que vale la pena comprometerse, que comprende las circunstancias que le rodean y la vida es un desafío apasionante donde es factible declararse optimista.

---

[1] Aquí abundaremos en una caracterización del estratega fundamentalmente rasgológica, resaltando atributos positivos de conducta sin mayor interés por la innegable complejidad que entraña toda realidad psicológica y social. Este enfoque, muy en boga durante la primera mitad del siglo XX dentro de la psicología con orientación pragmática, conserva su utilidad en tanto describe y orienta. Es sabido que el empresario no espera explicaciones, ni complicaciones cognoscitivas, prefiere la desnudez de los hechos.

ESTRATEGA. Pensamiento, Herramientas y Acción

Un pensador estratégico, además de mirar al frente, tendrá siempre una *Percepción en Secuencia*. Como una tira cinematográfica visualiza el desenvolvimiento de los acontecimientos, cuáles serán sus actuaciones sobre la marcha, encadena una acción a otra buscando provocar el efecto deseado. Sus acciones se caracterizan por apoyarse mutuamente. Podríamos decir que en su juego no hay *piezas aisladas*.

Por otra parte nos llamará siempre la atención, cuando nos aproximamos a la personalidad e historia de un estratega, esa cualidad suya, casi felina, que denominamos *Discreción*, la reserva con que actúa, el enigma que representa para nosotros. Habitualmente compartimenta la información relevante y la pone a circular en el momento y nivel justo. La estrategia no es posible si es conocida o copiada por la persona equivocada. De un estratega auténtico veremos la táctica, pero nunca, a menos que nos lo explique, el sentido último de sus movimientos, sus Objetivos Estratégicos.

Las metas del estratega usualmente estarán asociadas a caminos por recorrer largos y accidentados, caminos que para él se hacen al andar, recordando la canción. En ese transito el estratega auténtico nos muestra otra importante fortaleza: su *Adaptabilidad*. Se detiene a menudo y percibe la gama de alternativas posibles, sopesa los costos y beneficios de cada una, "¿qué pasaría sí...?", "¿cuál sería el mejor curso de acción...?".

Interesante y difícil es esta habilidad para acomodarse a la situación haciendo renuncia a veces al propio ego; una destreza que se conoce de antaño (Sun Tzu, *El Arte de la Guerra,* 500 años a. C.) pero que pocos desarrollan. La forma de pensar y proceder de un estratega no es estática ni predecible. Es tan flexible que puede llegar a confundir a los competidores y actores en general del escenario donde opera. Y no hablamos de aquellas "cortinas de humo" expresamente fabricadas para despistar al adversario, apuntamos a la capacidad admirable que tiene para descifrar la situación y la conducta más productiva e inteligente de que es capaz atendiendo a sus posibilidades reales.

"Puede ser león que ataca ferozmente..., o puede ser camaleón que se mimetiza para pasar desapercibido mientras avanza y deja atrás a su competencia (...) El estratega es la pequeña semilla de mostaza germinando en medio de los grandes árboles del bosque..." (Ribas, 2002)

Viendo lo anterior quizás conformamos una imagen un tanto fría del estratega, en exceso calculador, pero no es exactamente así. H. Mintzberg al hablar de las "Estrategias Artesanales" nos traslada el concepto de un proceso estratégico bastante vivencial, donde tomamos contacto con la "masa", la materia prima de nuestro pensamiento (Ref. por Thompson y Strickland III, 1994) Sentimos el problema, ambicionamos una posición, nos atrae una o más alternativas. Desde esta acepción, puesto que pensamiento y emoción nunca podrán separarse, es imposible concebir al estratega como alguien frío, todo lo contrario, por lo general se encuentra muy implicado emocionalmente con el destino de *su* organización.

De aquí le llega al estratega esa capacidad imprescindible: el saber convencer, persuadir, vender la idea por sus beneficios, ya en plan de Líder o Asesor, esta persona sabe contagiar a los demás respecto a su visión, tiende un puente al futuro y nos motiva sinceramente a caminar por él, aplasta combinando golpes de lógica y ese sexto sentido que respetamos. Un estratega debe ser *Convincente*, dominar el arte de la comunicación, o el proceso estratégico nunca echará a andar, apenas si calentará los motores.

Prestando atención a las reflexiones del estratega encontraremos otro atractivo especial, su *Creatividad*. Aplica con frecuencia el principio según el cual para dar solución a problemas nuevos hacen falta ideas nuevas y el pensamiento puramente lógico se ve limitado para conseguirlas. Por ello el estratega apela a lo que E. de Bono (1970) denomina *Pensamiento Lateral*, pues va en busca de soluciones no convencionales.

"La mente tiende a crear modelos fijos de conceptos, lo que limitará el uso de la nueva información disponible a menos que se disponga de algún medio de reestructurar los modelos ya existentes, actualizándolos objetivamente con nuevos datos" (de Bono, 1970. Cit. por Mentruyt, 2002)

De eso se trata, de reestructurar esquemas de pensamiento en forma creativa. Pero no sólo el pensamiento lateral o *divergente*, empleando la terminología original (Guilford, 1951) sirve de soporte a la creatividad del estratega. También se vale de otra cualidad esencial: se concentra en el todo y lo considera más importantes que la suma de las partes. Un *pensamiento holístico* capta las situaciones en su conjunto, gracias a él todavía es posible ver el bosque más allá de los árboles.

Mirando el todo, rompiendo esquemas, la estrategia nace de un proceso mitad técnico, mitad arte. No es un proceso fácil, duele, confunde. En ella no hay espacio para las mentes conservadoras, apegadas a reglas y dogmas que no trascienden el momento por las razones que sean. El pensamiento creador se impone frente a una fuerte corriente contraria incubadora de muchos conflictos.

"La verdadera creatividad – recuerda R. Farson (1997) – siempre infringe las reglas. Es por ello que resulta tan inmanejable y que, en muchas empresas, cuando se habla de que deseamos creatividad, en realidad nos referimos a la creatividad *manejable*. No queremos la creatividad pura, espectacular, radical, que requiere que cambiemos" (Farson, Cap. 18)

Esta "creatividad manejable" constituye un importante desestímulo al pensamiento original con carga de futuro. No en balde decía T. A. Edison que el pensamiento ingenioso es 1 % de inspiración y 99 % de transpiración. Mucho hay que trabajar y esforzarse para vencer las resistencias al cambio.

Ahora bien, pensando en este rasgo creativo-artístico del estratega surge otra pregunta válida. ¿En virtud de su creatividad, va entonces el estratega al extremo de la irracionalidad y la pura intuición? El *Sr. Estrategia*, como se conoce a K. Ohmae[2], aclara completamente este particular.

Los estrategas no rechazan el análisis ni la razón. En realidad, trabajan permanentemente haciendo análisis, *pero lo usan sólo para estimular el proceso creativo*, para probar las ideas que surgen, para averiguar las consecuencias estratégicas o para no fallar en la ejecución de ideas "locas" que tienen grandes posibilidades y que, de otro modo, nunca se habrían puesto en práctica. El análisis es el punto de partida del pensamiento estratégico. El pensador estratégico se enfrenta a problemas, tendencias o situaciones que parecen constituir un todo armonioso. El estratega debe desmembrar ese todo en sus partes constitutivas y, una vez que conoce el significado de cada parte, debe

---

[2] K. Ohmae nació en la isla de Kyushu en el año 1943; actualmente reside en Yokohama. Como consultor de alta gerencia, escritor y conferencista, ha sido descrito como el "Señor Estrategia" en Japón, donde preside las oficinas de McKinsey & Co., firma internacional de consultores.

volver a juntarlas intentando aprovechar al máximo la ventaja competitiva de la empresa. La solución obtenida de esta forma es distinta de la conseguida con el pensamiento lineal, ya que hemos identificado y estudiado los elementos concernientes a nuestro problema y los hemos organizado de una manera relevante (Ohmae, 1990)

"Pero lo usan para estimular el proceso creativo...", el análisis es válido, imprescindible, pero no en el sentido del pensamiento lógico – lineal que esquiva la novedad, sino como soporte al pensamiento creador y visionario. Para esto es indispensable despojarse de las condiciones y criterios preelaborados, los "debería" y los "no puede ser" tendrán que ser suplantados por un rotundo "¿Qué (más) se puede hacer?". La estrategia siempre es inclusiva. Necesitamos sinceramente reprogramarnos día a día, ejercitar esta forma de pensar y ser. Nuestro entorno ha cambiado demasiado para continuar siendo efectivos con los estilos y esquemas de antes y urge aprehender competencias nuevas.

En otro orden de cosas el estratega, como hombre de acción, se destaca por la presencia de un fuerte factor de personalidad: *Voluntarioso – Seguro de Sí – Autocrítico*. Es una constelación de rasgos íntimamente relacionados. Para esta persona el mundo espera por nosotros para ser cambiado y mejorado, de hecho, tomar la iniciativa es una de sus metas más queridas.

Detrás de la disposición a la acción descubrimos a un individuo que confía en sí, que ha acumulado las suficientes experiencias para juzgar sus posibilidades reales, en último caso una persona con una lúcida percepción de sí mismo, sus lados flacos y fortalezas, y por tanto las oportunidades que puede aprovechar.

Para concluir esta caracterización llamo la atención sobre ese último rasgo del estratega: la Exigencia. Para este es imposible ser autocomplaciente, no exigir el máximo de cada situación, cada análisis, cada persona, pues su tarea consiste en "arrebatar" un futuro alcanzable, que entendemos valioso y es nuestra intención conquistar. Un estratega es por definición una persona insatisfecha, a veces difícil de entender, que no acepta menos que todo lo posible.

CAPÍTULO 2. EL PROCESO ESTRATÉGICO

La elaboración de una estrategia no es un fenómeno individual, envuelve a toda la organización. Hoy probablemente ni siquiera un proyecto de desarrollo personal pueda lanzarse obviando que existen partes interesadas, que haremos alianzas o dependeremos de varios proveedores de apoyo; con todas estas personas necesitamos alinearnos en algún momento, compartir información y criterios a fin de arribar a un plan dinámico y coherente que ofrezca un mínimo de garantías de éxito.

Cuando examinábamos la personalidad del estratega quedó claro un rasgo sin el cual no podría continuar adelante: tiene la capacidad de influir sobre los demás, logra convencer y vender su propuesta, contagia su visión y entusiasmo a otros que deciden sumarse aportando talento, esfuerzos y recursos para alcanzar la meta.

Esta también es la suerte de la estrategia empresarial, nace de un proceso de reflexiones y acciones compartidas que afectan a muchas personas en la organización. Y este, así llamado *Proceso Estratégico*, puede adquirir las más diversas formas.

La Alta Dirección puede ubicarse en un continuo cuyos extremos tocan por un lado al *General*, que formula la estrategia de manera consciente y la comunica al resto de la organización; y del otro al *Patrocinador*, que reconoce y apoya la estrategia que ha emergido de la empresa.

Correlativamente, el rol de los miembros de la organización va desde el *Buen Soldado*, que ejecuta los planes elaborados por la Alta

Dirección; hasta el *Emprendedor*, de quien se espera se comporte de manera autónoma y elabore nuevas iniciativas.

Adivinamos que en un entorno complejo, de rápida velocidad de cambio y múltiples grupos de interés, donde se precisa intuir el futuro y mejorar sin descanso, el proceso estratégico adquiere formas peculiares, la función estratégica ya no puede ubicarse privativamente en la cúspide de la organización, sino que se requiere en todo trabajador como manera de pensar y actuar, para que así mismo colabore.

2.1. Modalidades del Proceso

Todo proceso de reflexión estratégica adecuado a la dinámica que nos rodea debe sobre todo catalizar un sentido de dirección y propósito compartido. Tendrá que infundir fe y energías, posibilitar el aprendizaje y apoyarse en él, e invitar a la emergencia de iniciativas reveladoras.

Un proceso estratégico, en el presente, parte de asumir la complejidad que entraña decidir el patrón de conducta más apropiado para la empresa, y se abre a la posibilidad de elaborar nuevas aproximaciones sobre la marcha[3].

---

[3] Ajustar la estrategia prevista se considera una necesidad ordinaria dentro del proceso. Se asume que toda estrategia posee un *componente deliberado* formado por la finalidad establecida y el conjunto de actividades a desarrollar; y un *componente emergente* que no es más que la respuesta que se da a las reacciones que provoca la implementación de la estrategia deliberada. Este fenómeno se ha dado a conocer como *Dinámica Horizontal* del proceso estratégico (Mintzberg y Waters, 1985)

Atendiendo a la clasificación que hace S. L. Hart (1992) encontramos tres características distintivas y complementarias de los procesos estratégicos que pueden facilitarnos el trabajo de formular e implementar nuestra estrategia. Según dicho autor todo proceso estratégico puede destacarse por su carácter *Simbólico, Transaccional* y *Generativo*[4].

2.1.1. Carácter Simbólico

Este es el punto de partida de la estrategia. La Alta Dirección arranca el proceso mediante la creación de una *Visión* aglutinadora y una clara *Misión* corporativa.

La misión provee significado a las actividades de la empresa y proporciona un sentido de identidad a los trabajadores. Se dice que es un proceso simbólico porque la declaración de misión y visión apela al uso de símbolos, metáforas y componentes emocionales.

La elaboración de la estrategia tiene lugar mediante la traducción de las ideas expresadas en la misión y visión en aspectos específicos tanto internos (desarrollo de capacidades) como externos (vencer a un competidor) Se trata, en definitiva, de llevar a cabo un *propósito estratégico* (Hammel y Prahalad, 1989) que resulte inspirador para los miembros de la organización y coadyuve a una fuerte cultura empresarial (Schein 1992)

---

[4] S. L. Hart (1992) describe la existencia de otras dos formas de proceso estratégico: Autoritarios y Racionales. Se trata de estilos de trabajo adecuados para entornos estables, y donde la concepción de la estrategia y su implementación se presentan como momentos separados, lo que al final entorpece el proceso.

En este proceso la Alta Dirección motiva e inspira al resto de los miembros de la organización (de modo similar a un *entrenador*) y estos responden al desafío lanzado (como *jugadores* en equipo)

2.1.2. Carácter Transaccional

El enfoque transaccional nos dice algo que pretendemos olvidar con mucha frecuencia: la vida es demasiado compleja para comprenderla plenamente de un golpe, los niveles de incertidumbre son altos, es obvio que tendremos que estar "transando" continuamente con la realidad, construyendo el puente mientras avanzamos por él.

Quiere decir que debemos ordenar el proceso estratégico de manera que asegure el aprendizaje continuo de todos los actores, y la oportuna readecuación de la estrategia a partir de los resultados en la acción.

Aunque parece sentido común no son pocos los que se resisten a modificar la estrategia, considerando la implementación como un proceso que ejecuta un plan rígidamente determinado. Aquí estamos diciendo algo totalmente distinto. Los procesos estratégicos siguen una lógica incremental, donde el aprendizaje tiene una importancia fundamental, por lo que es útil sistematizar y elevar el rendimiento de los procesos de aprendizaje dentro de las organizaciones.

Esta será, por demás, una importante capacidad dinámica que le conferirá a la empresa mayores facilidades competitivas.

En el proceso con atributos transaccionales la Alta Dirección juega el papel de *facilitador* de la tarea de aprendizaje, mientras que los miembros de la organización son fundamentalmente *participantes* del proceso de aprendizaje estratégico.

ESTRATEGA. Pensamiento, Herramientas y Acción

2.1.3. Carácter Generativo

Nuestro proceso estratégico requiere una tercera y singular cualidad, ser capaz de autoimpulsarse generando iniciativas autónomas desde la base, desde aquellas posiciones donde se está en contacto directo con los "momentos de la verdad", frente al cliente, en la operación de la planta, en las negociaciones con el proveedor, etc.

De esta manera la estrategia se elabora por intraemprendedurismo (*intrapeneurship*) De forma análoga a los emprendedores que actúan en el mercado, los miembros de la organización deben convencer a la Alta Dirección acerca de la bondad de sus iniciativas.

La Alta Dirección actúa aquí como *patrocinador* de estrategias elaboradas por miembros *emprendedores* de la organización, cuyo papel es el de experimentar y asumir riesgos.

2.2. Materializando el Proceso

Inspirar, definir un propósito, aprender en la acción, acoger patrones emergentes que merecen generalizarse matizando o cambiando la estrategia... ¿cómo lo hacemos? Una vía es crear un equipo especial de trabajo formado por:

1. La *Alta Dirección*.

2. Los campeones internos de la empresa, aquellos trabajadores por lo general jóvenes de alto desempeño, que K. Ohmae denomina "*Samuráis*" (Ohmae, 1990) Estos actuarán como auténticos estrategas dando rienda suelta a su imaginación y sentido empresarial para producir ideas audaces e innovadoras, a la vez que servirán luego como asistentes y facilitadores del proceso de implementación.

3. Todos los *Tomadores de Decisiones* ubicados en la "Línea de Fuego" y cuyo compromiso activo es esencial (Morrisey, Cap. 2)

4. *Expertos* y *Analistas* que entrarán y saldrán en la medida que sea necesario.

Como veremos más adelante, este equipo de trabajo no puede ser muy numeroso pues se afecta su rendimiento pero existen múltiples soluciones. La más asequible: crear pequeños subgrupos, *clones*, con igual composición que la antes descrita. Estos pueden ser además temáticos, obedecer a un cierto nivel de especialización, actividad, proceso, o problema a tratar, lo que potenciará considerablemente el análisis que se haga.

Cuando se trabaja con varios equipos de reflexión es importante comprender que no compiten entre sí. Esa tendencia tan desarrollada en el ser humano de imponer su pensamiento queda fuera de la filosofía de esta actividad.

Cómo sabemos que la realidad siempre superará nuestra capacidad de imaginarla, el trabajo de la estrategia no terminará con su formulación. Más que una Fuerza de Tarea (*Task Force*) este equipo constituye un *Comité* que se mantiene vivo y atento a los Incidentes Críticos durante la implementación. Facilitará el aprendizaje y servirá de foro a las nuevas ideas e iniciativas nacidas de experiencias prácticas.

CAPÍTULO 3. ÚTILES PARA LA REFLEXIÓN ESTRATÉGICA

Nos encontramos plenos del mejor deseo de avanzar por el camino de la estrategia, concebimos un buen proceso, una manera eficaz de trabajar pero, si no contamos con herramientas facilitadoras y un esquema del desarrollo del ejercicio, muy pronto estaremos desorientados y probablemente sin credibilidad ante nuestro equipo.

M. Godet (2000) deja listo este punto: "Para abordar un mundo complejo, es necesario tener útiles simples, apropiados y apropiables" (Godet, p. 27) No se refiere a principios de trabajo donde carecemos de una técnica concreta que podamos asimilar. Tampoco habla del uso de la intuición como criterio exclusivo desechando toda formalización y racionalidad. Su posición, y es la que asumimos en este trabajo, es ocuparnos de aquellas herramientas simples (no simplistas) que integran la herencia de múltiples análisis estratégicos y prospectivos, y que podremos apropiarnos sin grandes dificultades para "aterrizar" la Estrategia de la empresa.

El uso de estos útiles no significa, necesariamente, que racionalizamos en exceso el proceso estratégico. Pueden perfectamente, retomando el pensamiento de K. Ohmae (1990), servir de estímulo al proceso creativo a la vez que nos dejan evaluar posibles secuencias de acción y su impacto.

Con las herramientas tratadas en este capítulo daremos respuesta a las siguientes preguntas, todas vitales para el Diagnóstico Estratégico:

ESTRATEGA. Pensamiento, Herramientas y Acción

    I. *¿Cuáles son nuestras Competencias Nucleares?*

    II. *¿Cuáles son nuestras Áreas de Actividad Estratégica?*

    III. *¿Cuál es el Futuro de estas Áreas y cuál nuestra Posición?*

    IV. *¿Qué nuevas Oportunidades necesitamos crear?*

3.1. Caja de Herramientas del Estratega[5]

3.1.1. Árbol de Competencias

La representación de una empresa en forma de árbol de competencias nació en ocasión de un análisis estratégico de las organizaciones japonesas. Como herramienta fue formalizada por M. Giget en los años ochenta. Nos permite responder satisfactoriamente a la pregunta: ¿Cuáles son nuestras *Competencias Nucleares*?

La principal ventaja de este útil es que intenta representar a la empresa en su totalidad sin reducirla a sus productos y mercados. En estos árboles las raíces (el saber hacer) y el tronco (capacidad de producción y servicios) son tan importantes como las ramas (líneas de productos y mercados) El objetivo es establecer las competencias distintivas de la organización (*core competence*), así como hacer un

---

[5] Sería excesivo pretender agotar todas las herramientas que a lo largo de la historia del pensamiento estratégico se han ideado. Sólo recogeremos una porción de estas, quizás de las más representativas, que además guardan relación de apoyo entre sí. Por supuesto, no será necesario utilizarlas todas, como a veces tendremos que ir por el auxilio de alguna de las que no contemplamos. Lo más importante, me atrevo a destacar, es comprender qué busca cada una, para que podamos usarlas con libertad intelectual, recreándolas de ser preciso.

diagnóstico del árbol: fortalezas y debilidades de las raíces, el tronco y las ramas.

Un concepto fundamental cuando estamos trabajando este primer diagnóstico es entender a la empresa, más que como una cartera de actividades o negocios, como una *Cartera de Competencias Nucleares* (Hammel y Prahalad, p. 83)

Hay una realidad y es que los mercados maduran y declinan, como veremos más adelante, pero las competencias se desarrollan para adaptarse y crear. Gracias a esto "el árbol no muere cuando le cortan las ramas" (Godet, p. 48)

Conocidas las Competencias Nucleares de la empresa, sólo hay una conducta inteligente: retornar a estas para definir en profundidad nuestras orientaciones estratégicas.

3.1.2. Segmentación en Áreas de Actividad Estratégica

Un excelente conocimiento de nuestras fortalezas y debilidades no basta si desconocemos o comprendemos mal los frentes donde actuamos, cada uno con sus características peculiares. La empresa moderna presenta por lo general una diversificación bastante grande en sus actividades, tendrá varias líneas de productos y servicios, también diversas dependencias tecnológicas o logísticas entre productos, y variedad de Clientes.

El análisis estratégico clásico no tomaba esta diversidad en cuenta y por lo mismo resultó inoperante. La segmentación de actividades ha permitido justamente superar dicha dificultad y con ella podemos responder a nuestra pregunta: ¿Cuáles son las Áreas de Actividad Estratégica de la empresa?

Entendiendo el concepto, un *Área de Actividad o Segmento Estratégico* se define como el conjunto de productos y/o servicios destinados a un mercado específico y para los cuales *es posible formular una estrategia* (puede incluir una o más unidades de negocio) Aquí está la clave, podemos luchar aisladamente en el frente que representa este segmento puesto que tiene sus propias posibilidades y limitaciones. El desglose de las áreas ofrece el "mapa del campo de batalla" de la empresa.

M. Godet (2000) lo ilustra mejor: "Dos actividades forman parte de un mismo segmento estratégico si implican a los mismos competidores, a los mismos consumidores, o si están estrechamente ligadas entre sí a nivel de producción o distribución, de modo y manera que toda acción sobre una de ellas tendrá repercusiones sobre la otra." (Godet, p. 51)

Queda clara la necesidad de definir nuestras áreas o segmentos estratégicos, pues a cada uno le daremos un tratamiento específico.

Un criterio esencial en este análisis es la determinación, por áreas, de sus *Factores Críticos de Éxito* (*FCE*)[6] Será importante valorar además el futuro de cada Área de Actividad Estratégica (es útil emplear algunas de las herramientas predictivas descritas a continuación), así como cuál es nuestra posición en estos segmentos y qué competencias nos distinguen o debemos adquirir para mantenernos competitivos en ellos.

---

[6] Más adelante, epígrafe 4.2., este término será objeto de un mayor tratamiento conceptual.

También podremos plantearnos la posibilidad de utilizar las fortalezas de cada Área de Actividad Estratégica para hacer sinergia unas con otras y darle un impulso mayor al desempeño de la empresa.

3.1.3. Análisis de la Cadena de Valor

Con el Análisis de la Cadena de Valor[7] se enriquece considerablemente el diagnóstico interno de la empresa. Respecto a cada Área de Actividad Estratégica identificada podríamos preguntar: ¿Estamos aprovechando nuestras capacidades y recursos distintivos, Competencias Nucleares, enfocándonos en las actividades que aportan beneficios mayores al Cliente y refuerzan nuestra diferenciación? A esta cuestión responde el Análisis de la Cadena de Valor, cuya premisa es ubicar fuentes de ventaja potencial entre las actividades y procesos de la Organización.

Desde que se detecta una demanda, se concibe el producto, aseguramos su logística, se produce, vende y el cliente disfruta servicios de postventa, todo constituye una estrecha cadena de actividades que pueden agregar valor a los ojos del Cliente y costos para la empresa.

---

[7] M. E. Porter introdujo la idea del Análisis de la Cadena de Valor con la publicación de su obra *Competitive Advantage* (1985) De esta manera superó el concepto de "Sistemas Empresariales" de Mckinsey & Co. según el cual una organización puede y debe descomponerse para su análisis en sistemas de trabajo (mercadeo, producción, I + D, etc.) y evaluar el desempeño de cada una de estas áreas respecto a la ejecución de la competencia. La sugerencia de M. E. Porter fue que tendríamos que desagregar además cada sistema en las actividades individuales que lo constituyen, como paso clave para distinguir entre los diferentes tipos de actividades y sus relaciones.

M. E. Porter (1985) distingue dentro de una cadena genérica de actividad:

. *Actividades Primarias*: que tienen que ver con el desarrollo del producto, su producción, la logística y comercialización.

. *Actividades de Apoyo o Soporte*: como son la gestión del capital humano, finanzas, contabilidad, relaciones públicas, asesoría legal, etc.

. *Margen*: la diferencia entre el *valor* total y los costos totales incurridos por la empresa para desempeñar las actividades generadoras de valor.

La idea está en convertir nuestras actividades o procesos en verdaderas fuentes de valor, más que centros de costo. Es una filosofía distinta. Valor es el beneficio que el Cliente percibe y por el que está dispuesto a pagar. Cuando estamos asegurando la materia prima, definiendo redes de distribución, almacenando, atorgándole prestaciones al producto, ¿significa esto valor para el Cliente?

Que nuestros procesos constituyan cadenas de agregación de valor y no sumas progresivas de costos depende de cuán bien nos concentremos en las Actividades Primarias y conozcamos al detalle los motivos de compra y necesidades del Cliente.

El Análisis de la Cadena de Valor nos compulsa por tanto al diagnóstico externo. No tiene mucho sentido esforzarnos por conocer las preferencias del cliente y trabajar por complacerle si olvidamos averiguar cómo lo hacen los demás, sobre todo si alguien ha descubierto cómo hacerlo mejor. Recordemos que esta herramienta surge con el interés de ofrecer al empresario un medio para gestionar mejor sus costos y diferenciarse. Por ende, es un imperativo practicar el *Benchmarking*[8], descubrir oportunidades factibles de mejora integrando nuestras Cadenas de Valor del modo meno costoso y más destacado, en otras palabras, entrelazando eficazmente Factores Críticos de Éxito y Competencias Nucleares.

3.1.4. Ciclo de Vida de los Productos – Servicios – Mercados

La célebre analogía de R. Vernon (1966) ha sido muy empleada y continúa siendo útil a la hora de pensar la estrategia de una organización. Saber en qué somos buenos y dónde actuamos es importante, pero es conveniente analizar al detalle la dinámica de nuestro mercado, simplemente porque cambia constantemente y una buena estrategia, recordemos, siempre se vincula al ciclo de vida de los productos – servicios – mercados de la empresa. No competimos igual en un mercado que crece, que está maduro o declina (García y Sabater, 2004)

Según R. Vernon los productos – servicios – mercados se comportan en forma parecida a los seres vivos, describen una curva que se divide en cuatro etapas.

---

[8] El vocablo "Benchmark" significa medir con respecto a un punto de referencia. En otras palabras, un "Benchmark" es aquel que ha logrado ser "el mejor en su clase". Este logro, entonces, se convierte en el punto de referencia o patrón reconocido de excelencia con respecto al cual se miden procesos similares. La Corporación Xerox fue quien inauguró este concepto hacia el año 1979, justo cuando su competencia japonesa se había planteado como propósito estratégico "ahogarla".

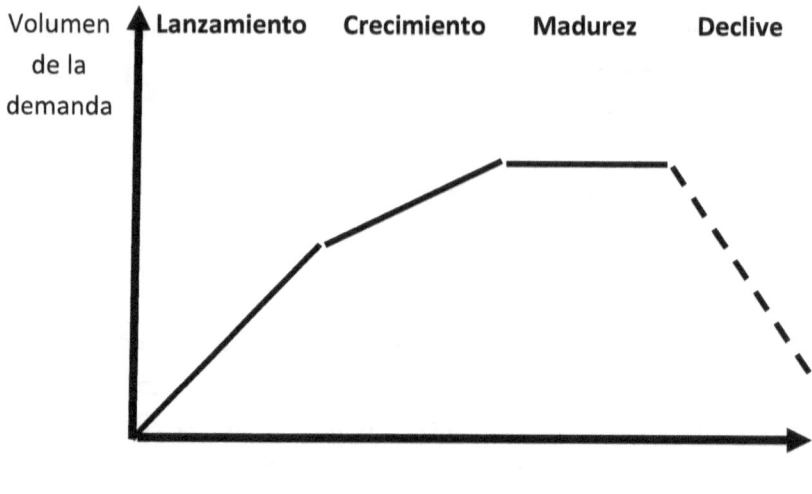

Figura 2: Ciclo de Vida del Producto-Servicio-Mercado

Durante el lanzamiento de un nuevo producto se espera que existan problemas normales de puesta a punto. Mientras crece el mercado otros intentarán sumarse por las posibilidades que ofrece, casi siempre se precisan inversiones para conservar la posición. Un producto en edad madura implica que hay pocos competidores, quedan los consagrados y tiene buena rentabilidad. Cuando declina, el mercado sufre una regresión y es importante ser muy exactos.

El Ciclo de Vida de un Producto o Mercado podría compararse a una ola en movimiento y en este sentido el pensamiento de A. Toffler (1980) es perfectamente aplicable:

"Capitalizar en la ola es como deslizar en una tabla de surf. Quien permanece encima de la ola tendrá éxito" (Cit. por Grimaldi, p. 20)

ESTRATEGA. Pensamiento, Herramientas y Acción

La conclusión es clara: la empresa no debe ni necesita morir con la desaparición de su mercado. Requiere gestionar anticipadamente un desarrollo de productos y servicios tal que le permita mantenerse lo más posible en la "cresta de la ola", con otras palabras, participando en mercados en crecimiento e inaugurando otros nuevos con su gestión de innovaciones. ¿Cómo hacerlo? Tan elemental como fundamental: potenciando su relación con el cliente.

"Saber qué desea el cliente, dónde los desea y cómo, en qué cantidades, cómo compra, dónde compra y por qué compra, nos ofrece más oportunidades que cualquier forma de investigación" (Grimaldi 2, p. 9) Acojamos con renovado valor estratégico el concepto oriental *Okyakasuma*, significa que el cliente es nuestro "convidado honorable". Con él descubriremos las más importantes oportunidades de dar el salto "cuántico" que necesitamos.

El análisis del Ciclo de Vida es especialmente útil cuando deseamos tomar conciencia de la necesidad de un desarrollo continuo de productos y servicios[9]. G. Hammel y C. K. Prahalad (1994) ubican esta clase de *Previsión Industrial* como elemento clave a la hora de competir por el futuro. Para estos autores, conviene destacar, "la competición por el futuro es la disputa por la participación en las oportunidades que van surgiendo, no por la participación en el mercado" (Hammel y Prahalad, 1994. Cit. por Grimaldi2, p. 6)

El análisis del Ciclo de Vida posibilitará, entonces y mucho más que coordinar el presente, dejar abierto el momento para responder a estas tres preguntas esenciales (Hammel y Prahalad, p. 73)

---

[9] Sobre este punto, la necesidad de inauguración constante de mercados, se abunda en el Capítulo 6: "Planteamiento Estratégico".

ESTRATEGA. Pensamiento, Herramientas y Acción

1. ¿Qué nuevas formas de beneficios para el cliente debemos tratar de proporcionar a mediano y largo plazo?

2. ¿Qué nueva capacidad tenemos que crear o adquirir para ofrecer esos beneficios a los clientes?

3. ¿Cómo necesitaremos reconfigurar la relación con el cliente en los próximos años?

Tomar las buenas decisiones en este campo no es fácil. No todos los productos siguen una misma curva de vida, algunos parecen eternos, otros efímeros. Algunos pueden incluso conocer una nueva juventud o un crecimiento acelerado debido a cambios técnicos, económicos o sociales. También aparecen productos y servicios que no *evolucionan* a partir de los presentes, constituyen una discontinuidad, un salto conceptual que no teníamos previsto y que acelera la desaparición de los primeros.

La capacidad de esta herramienta depende de la habilidad del analista para identificar oportunamente una buena curva y en mi opinión es recomendable incorporar un instrumento prospectivo (más adelante veremos el Análisis Morfológico) para aumentar la validez, convicción y potencia del análisis.

3.1.5. Análisis de la Cartera de Actividades

El Análisis de la Cartera de Actividades y el Ciclo de Vida del Producto se complementan mutuamente para responder a la pregunta ¿Cuál es el futuro de nuestras Áreas de Actividad Estratégica y cuál es nuestra posición?

Si el mercado está creciendo o no, si está maduro, si es interesante para nosotros, si esconde posibilidades atractivas o debemos diversificarnos, nos lo dice el análisis del Ciclo de Vida pero, cuánto estamos participando, cuál es nuestra posición en cada área de actividad estratégica, es un tema que responde el Análisis de Cartera. Cruzando ambos criterios por medio de una matriz de doble entrada se hace posible plantear estrategias futuras mejor adaptadas a la posición de la empresa y las tendencias del entorno.

Una de las vías más populares y sencillas para ejecutar este análisis es la Matriz BCG[10] (ver figura 3) La primera pregunta del BCG es: *¿Cuánto estamos participando (posición) en el mercado?* Es conveniente ampliar el significado de esta pregunta y considerar una batería de aspectos posibles, entre otros, qué nivel de experiencia y oficio tenemos, qué imagen, calidad, avance tecnológico, logística y formas comerciales nos caracterizan y determinan nuestra posición. Para esto puede ser útil el Árbol de Competencias y el Análisis de la Cadena de Valor. La segunda pregunta es: ¿Está creciendo el mercado? (Ver análisis del Ciclo de Vida de Productos)

---

[10] La Matriz BCG (*Boston Consulting Group*) no es precisamente la técnica de análisis de cartera de actividades más poderosa, pero si la más expresiva y de más fácil asimilación, también la de uso más extendido. Conociendo que sus dos dimensiones son insuficientes es que se sugiere ampliar el alcance del concepto "Participación en el Mercado" incluyendo nociones de calidad, desarrollo tecnológico, fortaleza logística, etc. No obstante, sería de beneficio tomar contacto con sus pares, la Matriz de McKinsey & Co. o la ADL.

Figura 3: Matriz BCG

Basta un golpe de vista para hacer evidente cuáles son nuestros puntos fuertes y débiles dentro de la cartera de actividades. Descubrimos aquellos productos, líneas de productos, servicios, *Áreas de Actividad Estratégica* que requieren una mayor priorización o la decisión de abandono pues difícilmente reporten beneficios.

La vida de nuestros productos y servicios, vistos dentro de una Matriz BCG, sería: Dilemas que se convierten es Estrellas, maduran y ganan estabilidad, devienen en Vacas Lecheras hasta el día que se ven obligados a salir del mercado o reinventarse.

3.1.6. Análisis Morfológico. Método de Escenarios

Sabemos que un estratega sin horizonte no es estratega. Todos los análisis realizados antes alcanzan su pleno sentido con el auxilio de la concepción de escenarios. M. Godet (2000) considera estos escenarios como piezas indispensables a la hora de apostar por una estrategia.

Sí hiciéramos una retrospectiva de nuestra vida fácilmente comprenderíamos el peso que tuvieron algunas decisiones. Entonces no supimos la magnitud de lo que hacíamos, incluso sufrimos a veces por circunstancias que luego nos favorecieron, nunca sospechamos que un acto nuestro podría tener el poder de llevarnos hacia una posición irreversible. Es con el tiempo que aprendemos esta enseñanza curiosa: a veces el destino se decide en un día, un minuto, existen variables clave que lo definen, y podemos hacer que nuestras elecciones, no ya en la vida sino además en el ámbito empresarial, colaboraren con nosotros si consideramos de antemano tales variables. Significa que estaremos ganando la iniciativa.

Un escenario es la representación de un futuro posible, así como la trayectoria de eventos que permiten pasar de la situación origen a la situación futura. Para que esta representación alcance el título de escenario (el uso del término ha sido abusivo) la hipótesis de escenario debe cumplir simultáneamente cinco condiciones: ser *pertinente, coherente, creíble, importante* y *transparente*.

El método de escenario tiene por característica el ser modular. Aunque abarca muchas cuestiones como variables clave del sistema, estrategia de los diferentes actores implicados, futuros posibles; podemos elegir trabajar una en particular. Por lo valioso de sus resultados y fácil apropiación recomiendo aquí la técnica conocida como *Análisis Morfológico (ver* página siguiente figura 4: **Espacio Morfológico**[11])

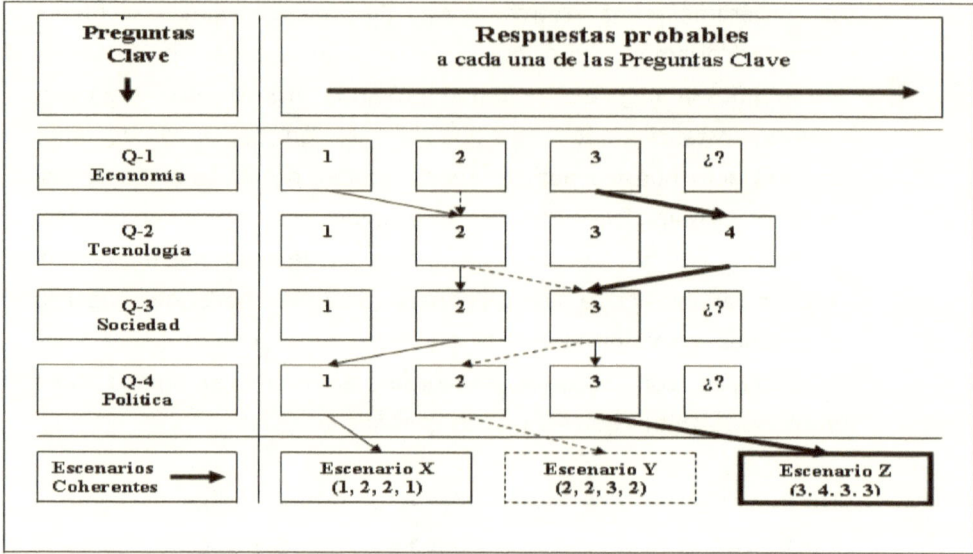

Es la herramienta más antigua dentro de las que usualmente se utilizan. Fue formalizada por F. Zwicky en el transcurso de la Segunda Guerra Mundial. El Análisis Morfológico tiende a explorar de manera sistemática los futuros posibles a partir del estudio de todas las combinaciones resultantes de la descomposición de un sistema.

La primera etapa del trabajo con esta herramienta es la construcción del *Espacio Morfológico* (ver figura 4)

---

[11] Basado en M. Godet: La Caja de Herramientas de la Prospectiva Estratégica. GERPA, cuarta edición actualizada. París, 2000

Quizás nunca quede tan claro como ahora la importancia de encontrar las buenas preguntas. Es un hecho que a veces esperamos respuestas a preguntas que no hemos formulado con precisión. Esta herramienta es muy sencilla en su forma: una vez definido el *Problema*, que es vital sea bien concreto para facilitar el trabajo (por ejemplo: *Posición en el mercado regional X de la línea de productos Y para el año 2010*) debemos encontrar las preguntas clave y pertinentes que podrían describir mejor el futuro.

En este caso la elección de cuestiones generales como Política, Economía, Sociedad o Tecnología, es sólo una selección hipotética para ilustrar. Puede haber tantas preguntas como se requiera y el ingenio del estratega aparece aquí. Por primera vez no bastará estrictamente con la información disponible, tendremos que ser creativos e idear qué aspectos deciden el futuro del tema que nos hemos planteado. Situación Política, Integraciones Económicas y Convenios, Competencia, Desarrollo Endógeno de los receptores, Dinámica Tecnológica, etc., podrían ser, sólo a modo de ejemplo pues cada situación tiene sus propias coordenadas y no hay recetas, las Preguntas Clave ante el problema planteado.

Si observamos con cuidado la figura anterior nos damos cuenta que para cada pregunta clave tenemos hipótesis de futuro más o menos probables (el grosor del trazo indica esta cualidad) y que estas se van enlazando con las hipótesis que comparten el mismo nivel de probabilidad en las preguntas clave siguientes. Al final habremos edificado, con un buen nivel de coherencia, varios de los escenarios en que podríamos movernos dentro del tiempo planteado.

Algo se hace evidente al repasar esta técnica de elaboración de escenarios: no puedes ser un buen estratega si no cuentas con un mínimo de *información estratégica*, aquella que mejor habla de las tendencias futuras y el comportamiento de los actores implicados. En ocasiones es suficiente una información de este corte para, automáticamente, ser dueño de un pensamiento "con luz larga".

Los principios de esta técnica son sencillos, el secreto de su éxito está en otra parte: la calidad del trabajo grupal que podamos desplegar. Técnicas como la *Tormenta de Ideas* (Osborn, 1941) o el *Método Delphi* (Malda y Bates, 1953) entre otras, son algunas de las herramientas que harán posible obtener opciones de calidad. Estas son bastante conocidas e incentivan el pensamiento creativo anulando, en mayor o menor grado, la impresión dominante que pueden ejercer los criterios de otros.

Por su interés, presento a continuación una serie de "informaciones estratégicas", tendencias generales en el mundo comercial que de acuerdo a los expertos ya marcan el presente y definirán profundamente el futuro. Estas serán útiles en múltiples análisis morfológicos:

a) *Profundización de la Globalización*: La formación de una economía única y de un mercado global la pueden notar a diario las empresas cuando se descubren compitiendo con Importadoras que ofrecen productos extranjeros a mejores precios y niveles de calidad. También cuando las exportaciones constituyen la causa mayor del engrosamiento de la Cuenta de Resultados de muchas de nuestras empresas.

b) *Alianzas Estratégicas*: Las alianzas y la asociación entre productores, vendedores y proveedores (Acuerdos de Cooperación, *Joint Ventures*, Redes Estratégicas, *Comakership*) "son una tendencia comprobada en todos los segmentos de la actividad comercial" (Grimaldi2, p. 10)

"Los negocios se integrarán en la economía mundial por medio de alianzas: participaciones minoritarias, contratos de asociación, consorcios de investigación y mercadeo, compañías filiales o destinadas a proyectos especiales, intercambio de concesiones, etc. (...) las relaciones económicas serán cada vez más entre bloques negociadores que entre países" (Drucker, pp. 15-16)

Una señal característica de esta tendencia internacional es la serie de espacios comerciales comunes, a veces contrapuestos entre sí, que se vienen creando, ganan fuerza negociadora y mediatizan las relaciones económicas entre países. Ejemplos: Alternativa Bolivariana para las Américas (ALBA) Mercado Común Centroamericano (MCCA), del Caribe (CARICOM), Mercado Común del Sur (MERCOSUR), África Oriental y Austral (COMESA), Tigres del Sudeste Asiático, etc.

c) *Organizaciones Abiertas*: Las organizaciones se tornarán cada vez más abiertas, planas y descentralizadas, el trabajo "irá a la gente, no la gente al trabajo" (Drucker, p. 19) Las Oficinas Centrales se van a descongestionar y la clave estará en los Sistemas de Información.

d) *Externalización*: "Se generalizará el outsourcing como medio para "aligerar las organizaciones" (Drucker, p. 19)

e) *Iniciativas competidoras con diversos formatos*: "El comercio integrado, en que dos o más negocios o líneas de productos tradicionalmente considerados como de ramas diferentes ocupan el mismo lugar, comienza a ser algo común" (Grimaldi2, p. 14)

f) *Diferenciación por un Servicio Total al cliente*: La tendencia apunta a una concepción total del servicio atendiendo las prestaciones antes, durante y después de la venta. Este será un factor de diferenciación importante y fuente de ventaja competitiva.

g) *Triunfo del Consumidor:* El mundo está reconociendo la supremacía del individuo sobre las organizaciones colectivas... "Más que nunca el cliente es el rey y debe ser tratado como tal" (Grimaldi2, p. 9)

h) *Era del Conocimiento*: El futuro estará en productos con cada vez mayor inteligencia aplicada y valor agregado.

CAPÍTULO 4. DIAGNÓSTICO ESTRATÉGICO

Nuestro Diagnóstico Estratégico se alimenta de todas las reflexiones anteriores y constituye su salida y finalidad.

Se orienta a precisar las Fuerzas y Debilidades de los cinco recursos fundamentales de la empresa: humanos, financieros, tecnológicos, productivos y comerciales; este es el objetivo del *Diagnóstico Interno*. También permite estimar la importancia de dichas Fuerzas y Debilidades a través de las Amenazas y Oportunidades que provienen del entorno, para esto se realiza el *Diagnóstico Externo*.

"El enfoque clásico ha conducido demasiadas veces a separar estos dos diagnósticos, el interno y el externo, que, sin embargo, carecen de sentido si no se contemplan interrelacionados" (Godet, p. 60) En efecto, son las amenazas y las oportunidades quienes dan a cada debilidad o fuerza toda su importancia. Durante la reflexión estratégica es común que experimentemos la natural necesidad de alternar uno y otro supliendo los requerimientos de información que se plantean de continuo.

Diagnóstico Interno: fuerzas y debilidades

El diagnóstico interno se impone de comienzo antes que el diagnóstico externo. Para preguntarnos con inteligencia acerca de los cambios en el entorno que nos afectan primero hemos de conocer a fondo nuestras capacidades. Por esto el proceso estratégico se inicia con las fuerzas y debilidades del Árbol de Competencias.

ESTRATEGA. Pensamiento, Herramientas y Acción

Diagnóstico Externo: amenazas y oportunidades

Para este diagnóstico nos valemos del estudio de escenarios futuros (Análisis Morfológico) así como de una revisión cuidadosa del *Entorno Estratégico* actual.

Este entorno usualmente se divide en dos para facilitar el trabajo: el *Entorno Competitivo Inmediato*, que abarca entre sus actores a quienes compiten por el mismo mercado, proveedores, clientes, entrantes potenciales y los productores de sustitutos (repitiendo las *Cinco Fuerzas* de M. E. Porter, 1985) y por otra parte el *Entorno General*, cuyos actores son los Organismos Rectores, Ministerios Ramales, la Banca, y cualquier institución con la suficiente autoridad como para vernos condicionados por ella.

De hacer bien estos diagnósticos encontraremos una serie de oportunidades a corto, mediano y largo plazo que nos aporta el exterior (atractivo estructural del sector) y son susceptibles de ser aprovechadas por la empresa en base a sus recursos y capacidades dinámicas actuales. También avistaremos los peligros planteados por tendencias del entorno que conducirán, si no se acometen acciones adecuadas, a la pérdida de posición en el mercado.

Ya sabemos cuál es nuestro oficio, nuestros puntos fuertes en el mercado actual, nuestra capacidad de respuesta, los "frentes de batalla" donde actuamos y actuaremos, cómo se comporta el mercado y cuáles serán las condiciones futuras más probables. Estamos en condiciones de hacer un *Balance de Fuerzas* y comenzar a pensar el despliegue de la estrategia.

4.1. Matriz de Balance de Fuerzas

Existe una manera muy eficaz para formalizar y enriquecer el Diagnóstico Estratégico. De hecho es el modo más "apropiado y apropiable" de entrelazar los resultados del análisis interno y externo para ponderar la importancia de ambos.

A esta técnica se le conoce como *Matriz de Balance de Fuerzas* (ver figura 5), o más popularmente, Matriz DAFO (Debilidades, Amenazas, Fortalezas, Oportunidades)

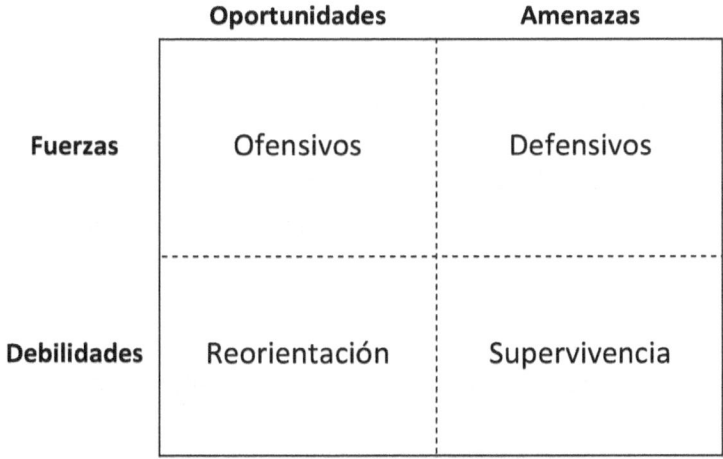

Figura 5: Matriz DAFO

Dicen que una herramienta es tan buena como la persona que la utiliza. Si le hacemos justicia diremos que esta en particular ha sido banalizada al extremo que muchos directivos ya no desean saber de ella pero, así y todo, conserva sus beneficios originales. Cuenta, además, con la bondad adicional de definir una orientación tentativa de la estrategia en función del cuadrante con mayor predominio.

ESTRATEGA. Pensamiento, Herramientas y Acción

De acuerdo con esta técnica, una vez que contamos con una buena definición de nuestras fuerzas, debilidades, oportunidades y amenazas, se construye un eje de coordenadas en el que se muestran cuatro cuadrantes.

El desarrollo práctico de la matriz se completa analizando de forma aislada cada uno de estos cuadrantes. Para esto algunos autores recomiendan la formulación de las siguientes preguntas:

a) *¿Permite esta fortaleza aprovechar concretamente esta oportunidad? ¿Cuál es la magnitud del aprovechamiento?*

b) *¿Protege esta fortaleza contra esta amenaza específica? ¿Cuánto protege?*

c) *¿Afecta esta debilidad el aprovechamiento de la oportunidad correspondiente? ¿Cuánto afecta el aprovechamiento de la oportunidad?*

d) *¿Hace vulnerable a la organización esta debilidad ante la amenaza en cuestión? ¿Cuán vulnerable hace al sistema esta debilidad frente a esta amenaza?*

Para toda la matriz la ponderación de las respuestas positivas puede ser por medio de una escala ordinal, por ejemplo: *Moderada = 1*; *Fuerte = 2* y *Muy fuerte = 3*. El conjunto de estas estimaciones se establece por criterios de expertos, una votación que necesita tender al consenso. Cuando la distorsión de criterios sea alta tendremos que incluir nuevas rondas de discusión.

El valor total de cada cuadrante es el resultado de las sumas correspondientes. Después de realizadas estas operaciones se puede ubicar a la empresa en el cuadrante cuyo resultado es, estadísticamente hablando, significativamente mayor. Esto implicaría que la organización cae dentro de lo que la metodología llama *Zonas de Poder, Protección, Bloqueo o Crisis*.

La matriz DAFO permite realizar un Balance Interno (predominio de fuerzas o debilidades) y un Balance Externo (predominio de oportunidades o amenazas) Ambos criterios son importantes y podrán decirnos si la empresa retrocede dado el impacto conjunto de sus debilidades y amenazas externas, o avanza con relación al entorno gracias a sus fortalezas y aquellas oportunidades disponibles.

4.2. Fuerza Impulsora y Factores Críticos de Éxito

Un último y esencial beneficio del Diagnóstico Estratégico, tenga mayor o menor nivel de formalización, está en que posibilita dejar bien establecidos los *criterios fundamentales* para la toma de decisiones en lo adelante. Para muchos expertos la estrategia es justamente esto: un modelo coherente, integrador y unificado de toma de decisiones (Hax y Majluff, 1997)

Estos criterios de decisión nacen de la clara apreciación de cuáles son nuestros Factores Críticos de Éxito (FCE)[12], aspecto que antes

---

[12] Entendemos, con C. Ferguson y R. Dickinson (1992), que los FCE son variables internas o externas a la organización que deben ser identificadas porque soportan el logro de los objetivos de la empresa e incluso su existencia. Requieren de atención especial para evitar sorpresas desagradables o la pérdida de oportunidades. El concepto fue introducido como herramienta de gestión en la década del 60 por R. Daniel y se retomó con alcance de sistema a finales de los años 70's por el equipo de investigación liderado por J. F. Rockart (*Sloan School of Management* del MIT)

mencionamos cuándo hacíamos el análisis de las Áreas de Actividad Estratégica de la empresa (epígrafe 3.1.2) Dentro de dichos FCE se destaca aquel criterio o factor especial que B. B. Tregoe y J. Zimmerman (1980) denominan *Fuerza Impulsora* de la empresa, es decir, "el factor principal que afecta a todas las decisiones importantes que influyen en el futuro de la empresa" (Tregoe y Zimmerman, 1980. Cit. por Morrisey, Cap. 7)

El método para determinar la Fuerza Impulsora es relativamente sencillo. El primer paso es que los miembros del equipo lleguen a un acuerdo sobre los FCE que necesitan ser considerados. Después, por medio de un proceso de comparaciones pareadas todos contra todos (el criterio de comparación recomendado es el impacto que cada uno tiene en la toma de decisiones futuras) es posible discriminar qué factor de éxito ostenta la mayor importancia e incide más en la toma de decisiones. El concepto de Fuerza Impulsora puede ser muy útil dentro de la Planeación Estratégica.

4.3. Resumen del proceso de Reflexión y Diagnóstico

Parece interesante realizar una síntesis de todo el complejo proceso que hemos llevado a cabo. Una manera posible es como sigue:

Figura 6: Principales Momentos y Resultados de la Reflexión Estratégica

De esta figura podemos recoger algunas conclusiones basales:

Lo habíamos planteado, las Competencias Nucleares han de ser el corazón de nuestro análisis estratégico. En el mundo que vivimos constituyen la única garantía imaginable, y sólo a corto plazo. Conciliándolas con el Mercado, poniéndolas a generar valor para el Cliente en la medida que responden a Factores Críticos de Éxito, dirigiéndolas a los sectores con perspectiva de crecimiento, donde hay desequilibrio estructural o estamos posicionados, de esta manera nuestra estrategia se encontrará orientada conforme al mejor balance de fuerzas de la empresa. Dadas tales circunstancias el éxito no sería una sorpresa.

CAPÍTULO 5. VALORES – MISIÓN – VISIÓN

Hemos recorrido ya una buena parte del camino que requiere la reflexión estratégica profunda. Nos encontramos armados de conocimientos y certezas, visiones imprescindibles. Sin embargo, no hemos dado aún los tres primeros grandes pasos del pensamiento estratégico: la declaración de *Valores*, *Misión* y *Visión*. ¿Por qué?

Normalmente esto se hace al principio del proceso y con una carga intuitiva elevada. Pienso, en cambio, que para una organización en marcha la reflexión profunda que ya hicimos beneficiará con creces, y lo veremos, nuestras definiciones de valores estratégicos, misión y visión. En este mismo orden necesitaremos trabajar para obtener los mejores resultados.

5.1. Valores estratégicos

La gestión cotidiana de empresas no apela, como debiera esperarse, a sus valores estratégicos. Estos no están siquiera definidos la mayoría de las veces. Quizás alguien los confunda con los valores plasmados en el código ético o de conducta de la organización, aquellos modos de conducta deseados que vienen a moldear la cultura empresarial pero, no se trata estrictamente de esto.

Los *Valores Estratégicos* representan las convicciones o filosofía de la Alta Dirección respecto a qué nos conducirá al éxito, considerando tanto el presente como el futuro. Estos valores, es fácil descubrirlo, traslucen los rasgos fundamentales de lo que es la estrategia empresarial, parten de esta reflexión.

Todo lo que pueda aportarnos una ventaja competitiva consistente podría traducirse en un valor estratégico de la empresa. Tener un acuerdo claro y abierto sobre estos valores ayudará a establecer las prioridades significativas de la organización, sus campos de esfuerzo y niveles de tolerancia respecto a las desviaciones; permitirá fijar expectativas y cómo comunicarlas a los demás, en qué negocios intervenir y cómo administrar (Morrisey, Cap. 3)[13]

Una lista de valores estratégicos es un material de consulta al alcance de la mano al poner en marcha la estrategia. Algunos o todos los valores identificados serán formulados directa o indirectamente en la declaración de misión. Una misión sin valores incorporados pierde poder de convocatoria y credibilidad ante el Cliente. También la declaración de visión es posible se base enteramente en los valores e incluso, la propia planeación táctica y a largo plazo utilizará la lista de valores como un recurso de consulta útil.

Existe un número casi infinito de factores que podrían considerarse valores estratégicos. Unos son más estables y universales mientras otros tienen un carácter más bien situacional. Para su buen uso la organización debe concentrarse en ocho a diez valores centrales y que estos sean los que ostenten el mayor impacto sobre su futuro.

Veamos un conjunto de distintos valores que se consideran útiles:

---

[13] Aunque G. Morrisey en su obra "Pensamiento Estratégico. Construyendo los cimientos de la planeación" (1995) no distingue los Valores Estratégicos como un elemento interno, comportamental, de la organización, parece mejor reservar este concepto para aquellas variables de competitividad que pasan por el factor humano, en las que todos podemos incidir con nuestra conducta diaria.

Excelencia operacional: El concepto de *eficacia* de los procesos ocupa en el presente un lugar de primera fila dentro de la gestión empresarial. Reingeniería, Normas ISO, Informe COSO, Perfeccionamiento Empresarial…, todos estos modelos y más exigen una amplia y racional capacidad de respuesta por parte de la organización. Ser excelente, ágil y confiable en sus procesos se constituye en un valor estratégico para la mayoría de las instituciones.

Capacidad de aprendizaje: La capacidad de aprender, pasar de la Solución de Problemas al *Aprendizaje Organizacional*, donde toda la empresa y en especial la Alta Dirección logra cuestionarse y replantear sus supuestos, es una de las cualidades más destacadas, necesarias e insistidas por toda la comunidad empresarial. Probablemente estamos hablando de un valor estratégico universal[14].

Recursos Humanos: Cuando entendemos que las personas son el activo más importante y asumimos su desarrollo y bienestar total. Para aquellas organizaciones que operan fundamentalmente con el capital intelectual de su gente, este valor puede tener un carácter marcadamente estratégico.

Compromiso con el cliente: Este valor implica una posición de compromiso total con el cliente. Nada es más importante y todo puede esperar si se trata de atenderlo. Compromiso Total puede ser el distintivo de muchas actividades.

---

[14] Recomiendo la lectura de "La Meta. Un proceso de mejora continua" de E. M. Goldratt (1999) pues ilustra, en mi opinión como ningún otro libro gerencial, lo que significa incorporar dentro de la organización el valor de *Aprender* como capacidad básica para el cambio y la competitividad.

Ética: Es uno de esos valores universalmente determinados. Todos esperamos y necesitamos confiar en que estamos frente a alguien que opera éticamente su empresa, entiéndase con transparencia, sinceridad, compromiso con la palabra empeñada, etc.

Calidad: Igual que la ética, este también es un valor determinado de antemano. No cabe pensar su ausencia en el mercado contemporáneo.

Innovación: Es un valor que tiene asociados altos costos y riesgos. Estar en el "punto crítico" implica que nos adelantaremos a la competencia y que estamos dispuestos a experimentar con ideas no comprobadas. Esta es la característica de muchas industrias pioneras en el terreno de la Informática.

Imagen: Cuando es importante para la empresa ser identificada por sus rasgos distintivos o liderazgo. Es lo contrario de permanecer en el anonimato abriéndose sólo a aquellos con quien se hace negocios. El valor Imagen conlleva normalmente importantes gastos por concepto de publicidad, promociones y relaciones públicas.

Seguridad: Este es un valor fundamental dentro de la industria química, la minería, el transporte. En una empresa donde los accidentes son raros, quizás este no sea un valor estratégico.

Ambiente: Como la Seguridad, este valor será de extrema importancia para las industrias con fuerte impacto en el medio ambiente, ya sea a través de sus productos o procesos.

Diversión: Cada vez más organizaciones encuentran productivo que sus lugares de trabajo sean vistos por los clientes, empleados o ambos como lugares divertidos[15].

Estructura organizativa: La valoración de una estructura abierta, descentralizada, con un mínimo de control; o la centralización con la mayoría de las decisiones importantes tomadas a los niveles superiores de la jerarquía, son opciones que pueden tener en algunas empresas un verdadero peso estratégico.

Cada valor recogido en la lista resultante del análisis que hagamos necesita concretarse en una frase breve (declaración de valor) que establezca la posición de la empresa respecto a este. Asimismo debe ser estimulante la manera de expresarlo.

Muchos *slogans* de empresas no son otra cosa que la declaración de un valor estratégico muy especial con el que esperan posicionarse en la mente de los consumidores.

Se entiende la relevancia de los valores estratégicos, estos nos dicen lo que es importante para nosotros en términos de obtener ventaja competitiva. Si vamos a buscar una definición lo más comprensible posible diremos que son el *respaldo cultural* de todas nuestras decisiones y acciones estratégicas, el molde óptimo de nuestra conducta. En este sentido, los Valores Estratégicos constituyen un

---

[15] El excelente trabajo de S. C. Lundin, H. Paul y J. Christensen: "FISH! La Eficacia de un Equipo radica en su Capacidad de Motivación" (2000) concentra su atención precisamente en este valor: la capacidad de mantener una actitud positiva y divertida en el trabajo como condición para el alto rendimiento.

subconjunto muy peculiar y distintivo, por cuanto tejen la Cultura de la empresa, de Factores Críticos de Éxito.

¿Cómo llegamos a definir el listado de Valores Estratégicos? Seguiremos el principio de trabajo en equipo, la búsqueda de consenso, y una buena manera es utilizar los hallazgos que hicimos durante el Diagnóstico Estratégico, así como emplear la relación anterior de valores a modo de lista de verificación.

Cada integrante del grupo trae sus respuestas por anticipado, por medio de una escala valorativa preferiblemente. Las respuestas se exponen una a la vez, se discuten sin juzgar su pertinencia o no, sólo nos permitimos la búsqueda de aclaraciones.

El debate posibilitará irnos aproximando sucesivamente al listado definitivo, bajo el criterio de seleccionar aquellos valores que mejor respalden a la empresa de cara al futuro. Siempre será posible y necesario enriquecer la propuesta previa al análisis con tantos valores como se entienda.

5.2. Misión

La declaración de valores estratégicos es en sí un logro significativo para la empresa, pero es tan sólo un paso muy importante en el camino. Una vez que tenemos acuerdo acerca de nuestros valores debemos concentrarnos en el correcto planteamiento de la misión de la empresa.

G. Morrisey (1995) afirma: "Sin temor a equivocarme, considero que la elaboración de la declaración de misión de su empresa es el paso más importante que usted puede tomar en todo el proceso de planeación" (Morrisey, Cap. 4)

Una empresa sin misión no tiene identidad ni rumbo. En la declaración de misión se asimila todo el pensamiento estratégico, toda nuestra capacidad de análisis y diagnóstico, y la intuición clara de cuál puede ser el futuro.

Esta declaración es una afirmación que describe el concepto de la empresa, la naturaleza del negocio, el por qué estamos en él, a quien servimos y los principios y valores bajo los cuales pretendemos funcionar.

¿Por qué necesitamos una declaración de misión? Porque nos ayudará a mantener claridad y consistencia de propósito, porque proporciona un marco de referencia para todas las decisiones importantes que se tendrán que tomar. Posibilitará obtener el compromiso de todos a través de una comunicación clara del concepto de negocio de la empresa. También puede servir como documento de relaciones públicas si ha sido preparada adecuadamente ganándonos la comprensión y el apoyo de personas externas que sean importantes para el éxito de la organización.

Una buena misión huye de las frases trilladas que la privan de crédito. Una buena misión no se define por lo que seremos o en lo que nos convertiremos (esta es la visión) Es amplia en su alcance para que permita el estudio y la generación de una vasta gama de objetivos y estrategias factibles sin frenar la creatividad de la gente, pero no significa que sea tan genérica que distinga poco o nada a la empresa.

Una misión bien diseñada no se debe confundir con las metas de la empresa, la misión habla del beneficio que ofrecemos al cliente, se enfoca desde su perspectiva. Es el cliente y solo él quien decide lo que es una organización. Por esta misma razón la misión ha de ser explícita respecto a lo que ofrecerá. No es lo mismo decir: satisfacer la demanda del cliente, que ofrecerle costos bajos, entrega en tiempo, garantías, etc. ¡ahora sí conozco lo que necesita mi cliente! y él lo sabe.

No vamos a enfrentarnos al desafío de repensar nuestra misión sin armas adecuadas. Por lo general se utiliza una serie de preguntas genéricas que ayudan a identificar los aspectos a incluir en la declaración de misión. Todas estas preguntas podrían resumirse sin dificultad en tres cuestiones básicas que luego se enriquecen: *¿Qué hacemos? ¿Para quién lo hacemos? ¿Cómo lo hacemos?*

Con más detalle:

1a. *¿En qué negocio(s) estamos?*

1b. *¿En qué negocios podríamos estar?*

2. *¿Por qué existimos, cuál es nuestro propósito básico?*

3. *¿Qué es lo distintivo u original de la empresa?*

4. *¿Quiénes son o deberían ser nuestros clientes?*

5. *¿Cuáles son, o deberían ser, nuestros productos y servicios principales, presentes y futuros?*

6. *¿Cuánto han cambiado los negocios de la empresa en los últimos tres a cinco años?*

7. *¿Qué es probable que cambie en los negocios en los próximos tres a cinco años?*

8. ¿Cuáles son, o deberían ser, nuestras principales preocupaciones económicas?

9. ¿Qué valores deberían ser importantes en el futuro de nuestra empresa?

10. ¿Qué consideraciones especiales debemos tener respecto a grupos e instituciones externas con un interés definido por el futuro de la empresa?

La primera cuestión, "¿En qué negocio(s) estamos?", es la más importante de todas. Parece una pregunta sencilla pero, es casi siempre una cuestión tortuosa que sólo se puede contestar luego de pensar y estudiar mucho el tema.

Tenemos dificultad para responder a esta cuestión por dos razones; primero, nuestra actividad cotidiana nos hace insensibles y acríticos respecto al día a día, no vamos por ahí preguntándonos lo "obvio". Segundo, cuando pensamos en el negocio o actividad de la empresa lo hacemos desde nuestros intereses y no desde el cliente.

Se ha repetido hasta el cansancio que no vendemos productos sino beneficios, soluciones, incluso un estilo de vida. Que establecemos con el cliente un vínculo emocional, le vendemos significado. "Los productos que tendrán éxito en el futuro no serán los que se presenten como artículos de consumo, sino como conceptos: la marca como experiencia, como estilo de vida (Klein, p. 35)

Si definimos mal nuestro negocio provocaremos un descarrilamiento violento en la concepción de misión de la empresa... y perderemos muchas oportunidades. Cuál es nuestro negocio es una pregunta que solamente se puede contestar mirando al negocio desde afuera, desde el punto de vista del consumidor y del mercado.

Examinemos la siguiente declaración de misión:

"Ser reconocida como una entidad líder e innovadora en comunicaciones y servicios de valor agregado, de alcance internacional, basada en la gestión de calidad total, sus valores y la economía del conocimiento, promovida por la satisfacción de sus clientes, accionistas y empleados".

¿Cuál es el beneficio que ofrece al cliente desde su perspectiva? Ser líder puede ser buena meta, un objetivo estratégico o parte de la visión de la empresa pero no es su razón de ser. ¿De qué le vale al cliente? Un sinnúmero de empresas pueden apelar a los mismos valores, la empresa no se distingue, especialmente porque ella tampoco distingue al cliente y sus motivos de compra. Muchas malas decisiones van a tener su punto de partida en una declaración parecida a la anterior.

Pero también pasa lo contrario: donde quiera que encontremos un negocio notablemente exitoso, casi siempre encontraremos que su éxito se acompaña del hecho de formular la pregunta con claridad y en contestarla con éxito.

¿Cómo preparamos nuestra declaración de misión? Este es el lado técnico del asunto. Para empezar es importante la presencia de un facilitador con experiencia, alguien sin un interés personal en el resultado sería ideal, que sea capaz de permanecer neutral mientras recoge puntos de vistas distintos asegurando que ningún individuo domine la discusión, y que el grupo alcance un consenso, al menos de lo que valoran aceptable, respecto a los factores clave que deberán ser incluidos en la declaración de misión. Para esta reunión el equipo debe haber llegado a un acuerdo sobre sus valores estratégicos.

Es decisivo que cada integrante del equipo de trabajo (seis a diez personas sería el óptimo) traiga escritas sus respuestas a las preguntas anteriores. Para esto se puede confeccionar una hoja de trabajo estándar. Tengamos presente que estas preguntas están diseñadas para hacer que cada uno observe el panorama de toda la empresa más que concentrarse en sus propias áreas de responsabilidad.

Las respuestas serán rescritas de modo tal que sean visibles para todos y, de nuevo, las únicas preguntas y comentarios permitidos corresponderán a la aclaración de significados de las respuestas dadas, y no para juzgar la validez de las afirmaciones.

Tras un primer debate los participantes pueden reelaborar sus respuestas a las preguntas 1a – 1b. La discusión que siga debe llevar al realce de ciertas palabras o frases que necesitan aparecer en algún punto de la declaración de la misión. Este mismo proceso continuará con cada una de las siguientes preguntas.

Con todo este resultado podrá confeccionarse un borrador para ser examinado en esta u otra sesión de trabajo.

Veamos por último varios ejemplos de misión, en donde se ponen de manifiesto los principios que hemos compartido. Así cada cual podrá efectuar sus propios análisis:

"Divertir a la gente" (*Disneyland*)

"Ayudar a salvar vidas a través de una eficiente y transparente gestión de compras, inventario, distribución y producción de medicamentos" (Servicio Autónomo de Elaboraciones Farmacéuticas de Venezuela)

"Satisfacer las necesidades y expectativas de nuestros Clientes en materia de seguridad con una alta calidad, mediante el trabajo de un equipo de profesionales competentes con amplia experiencia, el uso de tecnología avanzada y de las mejores prácticas nacionales e internacionales en esta actividad" (SEPSA)

"Proporcionar ventas ejemplares de bienes raíces y servicios con base en los niveles más altos de confianza e integridad. Para sostener esta norma de excelencia la compañía se dedica a mantener un ambiente profesional que promueva el éxito de nuestros clientes, socios, empleado y propietarios" (Prudencial Californian Realty)

"Garantizar la satisfacción de las expectativas de nuestros clientes en los servicios de Inspección, Ajuste de Averías y otros Servicios Conexos, apoyados en un Sistema de la Calidad y la aplicación de una Estrategia Empresarial Contemporánea. La profesionalidad de nuestro personal hacen de INTERMAR Cienfuegos su Agencia de Confianza".

5.3. Visión

Ya antes quedo dicho que estrategia es igual a porvenir. Sin pensamiento futuro, sin prospectiva, es casi impensable hablar de estrategia, esta persigue expresamente "ampliar el horizonte de oportunidades de la empresa" (Morrisey, Cap. 6)

En este sentido la declaración de Visión es el tercer gran hito del pensamiento estratégico, es una representación de lo que creemos que el futuro debe ser para nuestra empresa a los ojos de nuestros clientes, trabajadores, proveedores, etc. P. M. Senge, en su libro "La

ESTRATEGA. Pensamiento, Herramientas y Acción

Quinta Disciplina" (1994) se refiere a la visión compartida como una de las "asignaturas obligatorias" de las organizaciones inteligentes.

¿Cómo ha de ser una declaración de visión bien formulada?

. Breve, de preferencia con menos de diez palabras

. Fácil de captar y recordar

. Inspiradora, planteando retos para su logro

. Creíble y consistente con los valores estratégicos y la misión

. Clara respecto a lo que debe llegar a ser la empresa

El punto de partida para definir la declaración de la visión es la evaluación de los valores estratégicos. Debemos comenzar por revisar las prioridades que establecimos para estos valores y determinar cuáles necesitan ser tratados en la visión.

También existen algunas preguntas diseñadas para hacer que pensemos mejor acerca de cómo debería ser el futuro de la empresa (Morrisey, Cap. 6)

1. *¿Qué es lo que yo veo como clave para el futuro de nuestra empresa?*

2. *¿Qué contribución única debemos hacer en el futuro?*

3. *¿Qué me emocionaría acerca de ser parte de esta empresa en el futuro?*

4. *¿Qué valores necesitan ser acentuados?*

5. ¿Cuáles deberían ser nuestras posiciones en cuestiones como los clientes, los mercados, la productividad, el crecimiento, la tecnología, los empleados y demás?

6. ¿Cuál veo como la mayor oportunidad de crecimiento de nuestra empresa?

Para que el empeño sea efectivo el equipo de trabajo necesita liberar sus sentimientos. Se requiere al igual que en la misión la presencia de un facilitador experto, que los integrantes respondan independientemente a estas interrogantes previo a la sesión, abordarlas una a la vez haciendo posible que todos veamos las alternativas que generamos, buscar el consenso sobre palabras y frases clave que reflejan perspectivas de futuro, reexaminar las respuestas a la luz de la reflexión que hicimos para obtener un acuerdo sobre las pocas palabras o frases que debieran conformar la declaración de visión, y finalmente trazar la declaración.

Algunos ejemplos de visiones ofrecidas por G. Morrisey (1995)

Seremos vistos como el proveedor de máximo valor en cada mercado que sirvamos

Seremos la mejor compañía en nuestro ramo en términos de satisfacción al cliente y rentabilidad por tienda

Somos y seguiremos siendo de primera clase en calidad y satisfacción al cliente

Defraudaremos constantemente a los clientes de ayer siendo mucho mejores mañana.

¡Queremos ser

¡Podemos ser   LOS MEJORES!

¡Seremos

La Visión es una declaración pensada para comunicarse ampliamente. "Una declaración de visión se plantea para inspirar y motivar a quienes tienen un interés marcado en el futuro de la empresa" (Morrisey, Cap. 4) Con ella debemos inspirar a toda la organización y a nuestros clientes. Tarjetas de presentación, placas en la pared, boletines internos, informes anuales, orientación a nuevos trabajadores, manuales, pisapapeles, criterios para la determinación de nuevos proyectos, etc., son algunas de las vías y momentos para comunicar nuestra visión.

CAPÍTULO 6. PLANTEAMIENTO ESTRATÉGICO

Hasta este punto podemos decir que agotamos un conjunto de herramientas de probada utilidad cuando se asume la tarea de reflexionar la estrategia de la organización. Por supuesto, es sólo una etapa, laboriosa pues se trata de acopiar datos, enlazar hipótesis, establecer nuevas relaciones con lo que ya tenemos. Aun así todavía no "despegamos", todavía este cúmulo de información no es la estrategia.

Aprendimos del análisis cosas fundamentales: que el mundo no está a nuestra disposición porque sí, que no se nos ofrece sin un costo importante, que no es estable, que necesitamos coraje y capacidad de auto-perfeccionamiento permanente si esperamos afianzar nuestra posición, que también tendremos que dejar con anticipación (y desagrado) algunas conquistas en pos de otras por construir con mayores probabilidades futuras.

Nos conocemos mejor y eso nos ofrece seguridad, sabemos con qué contamos y de dónde pueden llegar las amenazas. Traducir este conocimiento en un marco coherente de acciones que nos aporte una ventaja sostenible es el fin de la estrategia propiamente dicha.

Esta estrategia, imprescindible tenerlo en cuenta, siempre estará orientada por dos principios fundamentales:

ESTRATEGA. Pensamiento, Herramientas y Acción

1. *Obtener Ventaja Competitiva*

Este principio es esencial, crear ventajas es lo que distingue a la estrategia de cualquier otra forma de planeación.

De acuerdo con la teoría, ya clásica, de las *Fuerzas Competitivas* de M. E. Porter (1980) la clave para el crecimiento de una empresa, y también su supervivencia, es instalarla en una posición que sea lo menos vulnerable posible a los ataques de sus oponentes directos y a la erosión que puedan ocasionarles los clientes con mucha capacidad negociadora, los proveedores, nuevos entrantes o los productores de sustitutos. Estrategia es buscar el modo de obtener ventaja de una posición en el mercado.

Desde otras aproximaciones más actuales como las teorías de *Enfoque en los Recursos* o las *Capacidades Dinámicas* (Teece et al, 1997) también se cumple el mismo principio, la estrategia persigue una ventaja competitiva aunque desde una lógica distinta: de nada sirve que existan oportunidades en el mercado, desequilibrio de fuerzas, si no estoy listo para aprovecharlas. Contar con los recursos necesarios, especialmente aquellos activos difícilmente adquiribles – conocimiento tácito y reputación, capital relacional, competencias nucleares – y la capacidad interna de continuar generándolos, es lo que me distingue y me aportará la victoria final.

2. *Reconfigurar el Campo de Acción.*

Este principio es complementario a la anterior. La estrategia correcta se enfoca e implica llevar la competición al plano donde podemos ser más fuertes. Es movernos hacia áreas cuyos Factores Críticos de Éxito – *FCE* – nos resulten accesibles y podamos lograr respecto a ellos un desempeño superior, donde combinamos mejor que los demás nuestros puntos fuertes y las necesidades claramente definidas del mercado.

Con la estrategia siempre tomamos la iniciativa para reconfigurar el campo de batalla (áreas de actividad estratégica) y salir ganando. Es probable que tengamos que adaptarnos a las maniobras y condiciones que nos imponen nuestros competidores, especialmente en mercados oligopólicos donde hay fuerte interdependencia; podemos ser creativos e innovadores para sobrevivir a este "conflicto estratégico" pero, lo que nos dará la ventaja es movernos a un terreno a donde no pueda seguirnos nuestro contrincante, donde la competencia se torna irrelevante, quien logre esto habrá descubierto el mejor modo de servir a las necesidades del cliente y obtendrá una posición suficientemente rentable.

En esto consiste "reconfigurar el campo de acción": concentrarse en factores clave, usar creativamente los grados de libertad que estos nos ofrecen, buscar iniciativas agresivas y construir una superioridad relativa (Ohmae, 1990)

Veamos, para mejor ilustración, algunos casos de estudio donde se aplican y comprenden mejor estos principios:

1. Honda derrotó en su mercado natural al principal fabricante de motocicletas en Norteamérica, *Harley Davidson*, vendiendo motos de paseo, equipos ligeros que aquellos menospreciaron en favor de las grandes cilindradas. Honda asumió el reto de modificar la representación que existía acerca de quiénes usaban este tipo de vehículo, creó nuevas necesidades, alteró el campo de batalla para dejar a *Harley Davidson* con un exiguo 5,7 % del mercado.

2. La *Industria Japonesa de Relojería* (el Grupo Hattori: Seiko, Alba y Pulsar; junto a Casio y Citizen) hizo desaparecer casi completamente del masivo segmento de mercado "C" a los relojes suizos (una baja de 20 millones de unidades entre 1970 y 1980) gracias a sus políticas de precios bajos e incorporación de tecnología electrónica. Se fueron a un campo de aplicación tecnológica que los otros inicialmente no aceptaron, moviendo los precios oportunamente.

3. *Pepsi Cola*, en 1970, inició un ataque a *Coca Cola* intentando reposicionarla con sus anuncios de "Generación Pepsi", que la pintaban como la bebida de la gente joven, mientras que Coca Cola, por deducción, era para gente mayor. Esta maniobra tuvo mucho éxito, Coca Cola no podía venderse a la vez como un clásico y una bebida de gente joven. Pepsi concentró seguidamente su acción sobre mercados locales concretos y canales de distribución característicos a donde Coca Cola sólo llegaba en forma difusa pues debía cubrir todas sus posiciones. Como es de suponer, la participación de Pepsi Cola aumentó muchísimo con estas acciones combinadas que redefinían el terreno de operaciones de cada competidor.

4. *Novo Nordisk*[16] es una empresa de Dinamarca fabricante de insulina. Históricamente la industria de la insulina ha centrado su atención en los médicos, que actúan como prescriptores del producto. La pureza y calidad de la insulina era el parámetro fundamental que tradicionalmente arbitraba la competencia entre las

---

[16] Este caso y los siguientes han sido extraídos de la obra de W. Chan Kim y R. Mauborgne: *Blue Ocean Strategy: How to Create Uncontested Market Space and Make Competition Irrelevant* (2005), publicada por Harvard Business School Press.

empresas. Sin embargo, los enormes progresos alcanzados en la elaboración de este compuesto hicieron que todas las empresas

lograran prácticamente los mismos estándares de calidad, con lo que el elemento diferenciador hasta ese momento se desintegró.

Novo Nordisk vislumbró la posibilidad de romper con la competencia tradicional y preparar su propio campo de batalla dirigiendo su atención no hacia los médicos que recetaban el producto, sino hacia los propios pacientes. Novo Nordisk reparó en los muchos inconvenientes que la administración de este medicamento presentaba para los diabéticos: debían llevar siempre consigo jeringuillas, agujas y la propia insulina; y mucho más importante aún: su administración intravenosa les provocaba un desagradable sentimiento por cuanto esta práctica puede tener de estigma social.

Este análisis llevó a Novo Nordisk a diseñar y lanzar al mercado el NovoPen, un aparato con forma de bolígrafo para administrar la insulina, con varias dosis fácilmente dispensables. La estrategia de Novo Nordisk transformó los límites de su industria, al pasar de ser una empresa productora de insulina a una empresa especializada en el tratamiento de la diabetes. En la actualidad, controla más del 60 % del mercado en Europa y el 80 % en Japón, y ello gracias a desplazar su foco de atención desde los prescriptores de insulina a los propios enfermos tratados con ella.

5. *Nabi*, una empresa fabricante de autobuses originaria de Hungría, observó que el precio de cada autobús no era el costo más importante al que un comprador tenía que hacer frente. La vida útil de estos vehículos puede llegar a ser de doce años. Lo más oneroso lo constituyen los costos de mantenimiento de las flotas: las reparaciones tras los accidentes, los continuos cambios de ruedas debido al elevado peso de los vehículos o la corrosión de las

carrocerías. Sin embargo, todos los fabricantes parecían luchar encarnizadamente por reducir únicamente los costos de fabricación.

Nabi pensó en dar una solución a los altos costos de mantenimiento y para ello diseñó un autobús como no se había visto hasta entonces: construyó las carrocerías con fibra de vidrio en lugar de acero, tal como era lo habitual. La fibra de vidrio evita la corrosión, permite una reparación de las abolladuras mucho más rápida, a un precio muy inferior al del acero y, por si fuera poco, su ligereza hace que el peso total del vehículo disminuya en torno a un 35 % y, consecuentemente, se consuma mucho menos combustible. Aunque Nabi cobra algo más que la media del sector por cada autobús, ha sabido consolidar su mercado reduciendo el costo de mantenimiento a largo plazo y las emisiones contaminantes. Todo esto, unido a un diseño vanguardista, ha hecho que los Clientes hayan visto crecer su Valor. No es de extrañar que *The Economist Intelligence Unit* designara a Nabi como una de las treinta compañías de más éxito en el mundo.

6. *Cirque du Soleil*, creado en Canadá en 1984 por un grupo de actores, ha conseguido llegar a más de cuarenta millones de personas en noventa ciudades de todo el planeta. A primera vista, pocos considerarían una buena idea montar una empresa relacionada con el mundo del circo. De hecho, el circo, como concepto tradicional, está en declive. Su público natural, los niños, hace tiempo que viven más interesados por los juegos electrónicos que por lo que sucede bajo una carpa. Desde el punto de vista estratégico, la industria del circo era a todas luces algo poco atractivo.

Antes de que surgiera el Cirque du Soleil, los circos estaban inmersos en una competencia feroz para ver quién conseguía atraer a los mejores payasos, los mejores domadores, en definitiva, quién conseguía tener más estrellas entre su elenco. Esto hizo que los costes aumentaran de forma desmesurada en medio de un hundimiento de la demanda por este tipo de espectáculos. Esta batalla dejó de tener sentido para el Cirque du Soleil, que no podía ser considerado ni como un circo ni como una producción teatral. De hecho, consiguió romper las fronteras de la industria, tal y como se conocían hasta ese momento, al ofrecer a la gente la diversión y emoción propias del circo (manteniendo sus símbolos tradicionales, como la carpa, los payasos y los ejercicios acrobáticos) junto con la sofisticación y riqueza intelectual del teatro (cada representación tiene su propio hilo argumental, hay danza, se escucha música compuesta especialmente para la ocasión, etc.)

Por otra parte, las representaciones del Cirque du Soleil se dirigen a un público de todas las edades (no solo a niños acompañados de sus padres), lo que unido al carácter único de cada una de sus giras ha hecho aumentar de forma asombrosa la demanda de este tipo de espectáculos, con el añadido de que puede cobrar tarifas parecidas a las de los teatros (superiores a la entrada de un circo tradicional). El Cirque du Soleil ha sabido crear un espacio caracterizado por el concepto de espectáculo innovador, nítidamente diferenciado de las industrias preexistentes (circo y teatro), ha reducido los costos en aquellos factores en que la industria venía compitiendo tradicionalmente y ha ampliado las fronteras del mercado mediante la diversificación del público al que se dirige.

6.1. Estrategias Genéricas y niveles de aplicación

Con estos principios básicos en mente, bastante ilustrados en los casos traídos a colación, y lo que ya sabemos de nuestro diagnóstico (Fuerza Impulsora, FCE, Balance de Fuerzas, etc.) estamos listos para plantear la estrategia general de la empresa.

Cada estrategia ganadora es como la huella dactilar de la organización es su tiempo, es la respuesta a una conjunción única e irrepetible de factores. Es posible, sin embargo, hablar de la existencia de ciertos modelos de prioridades que se establecen atendiendo a las condiciones del entorno, vida del producto, criterios financieros, posición en el mercado, capacidades internas, acceso a recursos, y que definen líneas estratégicas.

A estas alternativas se les conoce por el nombre de *Estrategias Genéricas*, una noción que se hace relevante en los años 80's y nos orienta, dado su poder descriptivo, acerca de algunos de los tipos de estrategias más característicos y exitosos. Estos tipos de estrategias pueden dividirse al menos en dos niveles de aplicación[17]: *Estrategias Corporativas* y *Estrategias de Negocios*.

Una estrategia corporativa contempla a la organización como un todo y define su rumbo en general. La estrategia a nivel de unidad de negocio, en cambio, se concentra en la construcción y sostenimiento de una ventaja competitiva puntual. Vendría a ser la manera en que la Estrategia Corporativa se convierte en realidad.

6.2. Estrategias a nivel de Unidad de Negocio o Áreas de Actividad Estratégica

Veremos las dos propuestas más consistentes y que resumen, además, prácticamente todas las aportaciones sobre el tema.

---

[17] No vamos a referirnos aquí a las denominadas *Estrategias Locales*, que no son más que las estrategias que se plantean al nivel de áreas funcionales o procesos que apoyan las distintas Estrategias de Negocio.

6.2.1. Tipología de Porter

Según M. E. Porter (1985) podemos identificar tres estrategias genéricas para crear una posición competitiva, hacerla defendible a largo plazo y sobresalir por encima de los competidores del sector. Estas son: Liderazgo General en Costos, Diferenciación y Alta Segmentación o Enfoque

Liderazgo en Costos: En un sector en el que los ingresos económicos están estancados y los precios de las materias primas tienden a crecer es probable suponer que manteniendo una posición de costos bajos pueda lograrse que la empresa obtenga rendimientos mayores al promedio. Esto le permitirá fijar sus precios al mismo nivel o por debajo de la competencia. Para lograr estos fines la estructura y cultura de la empresa, así como la atención de la Dirección deberán estar orientadas al control de costos. El riesgo mayor estriba en que los cambios tecnológicos anulan rápidamente la ventaja obtenida y la tecnología de bajo costo se difunde rápidamente entre los competidores.

Diferenciación: Consiste en hacer que la empresa sea percibida como única en el mercado. Se persigue la lealtad del cliente, lograr con la diferenciación un aislamiento frente a la rivalidad competitiva. El desafío está en que cuando un producto deja de ser exclusivo ya no sirve a la estrategia de diferenciación. Las imitaciones (tan frecuentes) también reducen el impacto de esta estrategia. R. M. Beal (2000) recoge varias matizaciones sobre la estrategia de diferenciación concluyendo que existe una estrategia de diferenciación por innovación, marketing, calidad y servicio.

Alta Segmentación: Se trata de enfocarse sobre una porción particular del mercado. La empresa puede de esta manera servir mejor a sus objetivos estratégicos, con más efectividad que los competidores que lo hacen de modo general.

Las estrategias de Diferenciación y Liderazgo en Costes no son incompatibles, según todas las evidencias pueden combinarse, existen correlaciones positivas entre ambos tipos de ventaja competitiva (Calori y Ardisson, 1988) De igual modo los esfuerzo por diferenciarse y concentrar a la vez el ataque en un segmento específico de mercado puede resultar una conjunción eficaz (caso de Pepsi Cola) Las estrategias combinadas, además de ser más fuertes, hacen difícil el ser descifradas y copiadas por los competidores.

6.2.2. Tipología de Miles y Snow

R. E. Miles y C. C. Snow (1978) concentrándose en las condiciones del entorno que envuelve a la organización distinguen tres configuraciones estratégicas: Prospectivas, Defensivas y Analizadoras.

Las *Organizaciones Prospectivas* (exploradoras) llevan a cabo un proceso de innovación y desarrollo continuo de nuevos productos y mercados, mediante una búsqueda permanente de oportunidades en su marco de competencias. La organización responde rápidamente ante las primeras señales sobre nuevas oportunidades. Por lo general las empresas que siguen esta estrategia crean cambios ante los que debe reaccionar la competencia, actúan en un entorno dinámico y en crecimiento. Requieren una estructura y sistemas internos flexibles para facilitar la innovación. Este tipo de estrategia es consistente con la Estrategia de Diferenciación de M. E. Porter (1985)

Las *Organizaciones Defensivas* tienen un limitado control sobre los productos y mercados donde actúan, tratan básicamente de defender sus posiciones según el criterio de eficiencia. Esta estrategia contrario a la anterior tiene que ver con la estabilidad; en lugar de realizar cambios importantes en la tecnología y en la estructura, la organización defensiva se concentra en la mejora de la eficiencia y eficacia de los métodos con los que ya cuenta (Cabello y otros, Revista CEDE, No. 7) Esta estrategia puede equipararse muchas veces con el Liderazgo en Costos propuesto por M. E. Porter (1985)

Las *Organizaciones Analizadoras* son una simbiosis de las dos anteriores al actuar de un modo prospectivo o defensivo según sean las unidades de negocio de que se trate. La empresa en este caso tiende a mantener un núcleo empresarial estable mientras innova en el perímetro, representa el término medio entre las otras dos estrategias.

6.3. Estrategias Corporativas

Sobre estrategias corporativas se ha escrito bastante, al borde de la confusión, pero se puede extraer una generalización y decir que las estrategias más comúnmente definidas a este nivel son: *Estrategias de Mantenimiento, Expansión, Diversificación, Saneamiento,* y *Liquidación* (García y Sabater, 2004)

6.3.1. Estrategias de Mantenimiento

Una empresa o corporación emprende una *Estrategia de Mantenimiento* cuando:

1. Se enfoca en mantener la cuota de mercado conseguida hasta ese momento, realizando lo mismo que hace hasta ahora. (Estrategia de "Mantenimiento" de Buzzell et al., 1975. Estrategia "Continuadora" de Galbraith y Schendel, 1983)

2. Se centra principalmente en un único negocio (Estrategia de "Negocio Simple" de Rumelt, 1974)

3. Busca conseguir una buena relación entre costes y precios, intentando mantener una posición en el mercado (Estrategia de "Estabilidad" de Herbert y Deresky, 1987)

6.3.2. Estrategias de Expansión

Por lo general el crecimiento se refiere al aumento de las ventas, de la participación en el mercado, del beneficio o del tamaño y la estructura de la organización.

Una empresa o corporación emprende una *Estrategia de Expansión* cuando:

1. Busca mayor participación en el mercado para los productos actuales mediante mayores fuerzas de mercadeo (Estrategia de "Expansión" de Ansoff, 1965; Estrategia de "Elaboración" de Mintzberg, 1988; "Crecimiento Intensivo" de Kotler, 1992)

2. Intenta llevar a cabo una expansión geográfica, dirigirse a un nuevo segmento de mercado, entrar en un nuevo canal de distribución (Ídem)

3. Procura mayores ventas mejorando o modificando (desarrollando) el producto actual, añadir funciones o características, extender la gama de productos, desarrollar una nueva generación (Ídem)

4. Se propone adquirir o aumentar el control de las fuentes de aprovisionamiento de la empresa (Estrategia de "Crecimiento Integrado, Integración hacia Atrás" de Kotler, 1992; Estrategia de "Ampliación" de Mintzberg, 1988)

5. Persigue incrementar el control sobre distribuidores o detallistas, el canal de comercialización (Estrategia de "Crecimiento Integrado, Integración hacia delante", de Kotler, 1992; Estrategia de "Ampliación" de Mintzberg, 1988)

6. Busca el mayor control de los competidores mediante absorción u otras vías (Estrategia de "Crecimiento Integrado, Integración Horizontal", de Kotler, 1992; Estrategia de "Ampliación" de Mintzberg, 1988)

6.3.3. Estrategias de Diversificación

Una empresa o corporación emprende una *Estrategia de Diversificación* cuando:

1. Se caracteriza por la adquisición de otros activos y el desarrollo de mercados (Estrategia de "Diversificación" de Ansoff, 1965; Estrategia de "Beneficio" de Hofer y Schendel, 1978; Estrategia de "Ampliación" de Mintzberg, 1988)

2. Añadir nuevos productos pero complementarios a los existentes (Estrategia de "Diversificación relacionada" de Rumelt, 1974; Estrategia de "Diversificación Concéntrica" de Kotler, 1992; Estrategia de "Ampliación" de Mintzberg, 1988)

3. Desarrollar actividades sin ninguna relación con los productos o mercados existentes, creación de un conglomerado (Estrategia de "Diversificación no-relacionada" de Rumelt, 1974; Estrategia de "Diversificación Pura" de Kotler, 1992; Estrategia de "Ampliación" de Mintzberg, 1988)

6.3.4. Estrategias de Saneamiento

El mercado aparentemente ha dejado de crecer, maduró y ahora se encuentra ante la disyuntiva de saturarse o regenerar. En este punto es donde se ubican las Estrategias de Saneamiento.

Una empresa o corporación emprende una *Estrategia de Saneamiento* cuando:

1. Se orienta a frenar, parar y reconstruir las actividades realizadas por la empresa (Estrategia de "Saneamiento" de Herbert y Deresky, 1987)

2. Introduce mejoras que impidan el descenso de los beneficios (Estrategia de "Saneamiento" de Hofer y Schendel, 1978)

3. Concentra el negocio y traspasa aquellas actividades que no aportan beneficios (Estrategia de "Concentrar" de Hofer y Schendel, 1978)

4. Vuelve a desarrollar la primera actividad principal desarrollada por la empresa de forma eficiente o reduce la actividad empresarial (Estrategia de "Reconsideración" de Mintzberg, 1988)

5. Intenta alargar la vida de ciertos productos, pero sin realizar ninguna actividad de mejora sobre estos (Estrategia de "Bajo Compromiso" de Galbraith y Schendel, 1983)

6.3.5. Estrategias de Liquidación

Estas son algunas de las estrategias cuando operamos en un mercado en declive.

Una empresa o corporación emprende una *Estrategia de Liquidación* cuando:

1. Su prioridad es la obtención de altos beneficios en poco tiempo, normalmente dominando un nicho de mercado. Su meta es liquidar (Estrategia de "Cosecha" de Buzzell, 1975)

2. Se encarga de producir una desinversión rápida y dejar el negocio (Estrategia de "Cosecha" de Galbraith y Schendel, 1983)

6.4. Objetivos Estratégicos

La estrategia que adoptemos se concreta con el planteamiento de *Objetivos Estratégicos* y con ellos concluimos una gran etapa, fundamental dentro del proceso estratégico.

Si tuviéramos que escoger una palabra para tipificar este momento podríamos elegir *"coherencia"*, pues los Objetivos Estratégicos han de ser ante todo una traducción fiel de la Estrategia Genérica adoptada, ellos se condicionan a la Misión-Visión-Valores y al Balance de Fuerzas de la empresa.

Un Objetivo Estratégico es aquella formulación de propósito que marca la posición en que deseamos estar a largo plazo. Es, aún más importante, la apuesta por algo que valoramos decisivo para el presente y futuro de la organización. Implica un riesgo y un resultado. Son en su conjunto las victorias que necesitamos alcanzar para conquistar la posición deseada.

Es usual que con ellos propongamos algunos cambios radicales de enfoque pues, en base a los Objetivos Estratégicos, se tomarán decisiones relevantes (incomprensibles para quien no conoce nuestra estrategia) Comprometeremos normalmente recursos significativos y no será fácil retornar a la situación de partida (Grant, 1996)

Los Objetivos Estratégicos constituyen los ejes de acción de la empresa una vez delimitados, responden especialmente a la definición que hicimos de FCE y *Fuerza Impulsora* de la empresa. Si la Intimidad con el Cliente, por citar un ejemplo, se convierte para nosotros en un factor estratégico por el que pasa cualquier decisión que podamos tomar, es muy sensato suponer que nos propondremos varias metas de largo alcance asociadas a este factor-valor estratégico.

6.4.1. Elaboración de Objetivos. Mapa Estratégico

Quizás no exista una manera mejor de pensar y priorizar los Objetivos Estratégicos de la empresa que el *Mapa Estratégico*. Este es el aporte conceptual más importante del *Cuadro de Mando Integral*[18] (Fernández, p. 2), una herramienta que tendremos que usar ampliamente en lo adelante.

Un Mapa Estratégico ayuda a valorar la importancia de cada Objetivo Estratégico, así como entender la coherencia e integración entre

---

[18] El Cuadro de Mando Integral es un modelo de gestión con visión a largo plazo. Se le considera como uno de los más importantes modelos de planificación y gestión de los últimos años. Su origen data de 1990, cuando el *Nolan Norton Institute* participó en el estudio: "La medición de los resultados en la empresa del futuro", en el que David P. Norton actuó como líder del estudio, y Robert S. Kaplan como asesor académico. Como resultado se logró establecer el Cuadro de Mando Integral (*Balanced Scorecard*)

estos. Tiene el valor de presentar los objetivos agrupados en perspectivas fundamentales. De esta manera consigue que la estrategia sea más entendible y comunicable, y nos recuerda la importancia de tener Objetivos Estratégicos en todas las dimensiones clave.

Las perspectivas comúnmente utilizadas, aunque pueden incluirse más si se entiende necesario, son:

Perspectiva Financiera: ¿Qué debemos hacer para satisfacer las expectativas financieras de la empresa y partes interesadas?

Perspectiva del Cliente: ¿Qué debemos hacer para satisfacer las necesidades de nuestros clientes?

Perspectiva Interna: ¿En qué procesos debemos ser excelentes para satisfacer esas necesidades?

Perspectiva de Aprendizaje y Desarrollo: ¿Qué aspectos son críticos para poder mantener esa excelencia?

El Mapa Estratégico, si bien ordena nuestros Objetivos Estratégicos en las perspectivas antes dichas, también delimita las *Líneas Estratégicas* en que se moverán: Estrategias de Crecimiento/Revitalización o Rentabilidad/Optimización, recordando las tipologías de M. E. Porter (1985) o R. E. Miles y C. C. Snow (1978), son las opciones más socorridas pero la idea es que los objetivos deben responder, ante todo y en todas sus perspectivas, a la estrategia por la que se ha optado.

La figura siguiente (figura 7) es bastante ilustrativa. Apreciemos como un Mapa Estratégico integra objetivos dentro de perspectivas críticas para la mayoría de las empresas, distingue a qué opción estratégica responden y qué relaciones causales o de concatenación existen entre ellos, algo importante a la hora de tomar múltiples decisiones. Estas relaciones causales son intuitivas, basadas en el conocimiento de la organización y del sector.

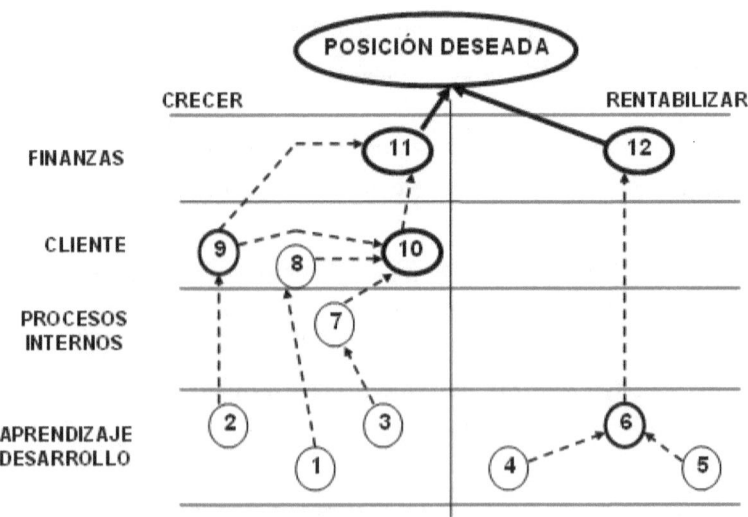

Figura 7: Mapa Estratégico. Objetivos y sus relaciones

No menos llamativo es la capacidad de estos mapas de, con un simple golpe de vista, ofrecernos los fundamentos estratégicos de la organización. Esta herramienta admite incluir precisiones sobre la cualidad de las conexiones entre objetivos (conexiones móviles, permanentes, etc.) sólo codificando un tipo de flecha para cada situación, y también cuáles de estos objetivos son valorados por nosotros como en mejor o peor condición, basta definir un color u otro signo distintivo para cada caso.

No extraña que R. S. Kaplan y D. P. Norton (2000) nos digan: *"¿Tienes problemas con tu Estrategia? Llévala a un Mapa"* (Kaplan y Norton, p. 167)

6.4.2. Algunos Objetivos Estratégicos y sus Perspectivas

Es útil, aún cuando conocemos la naturaleza de los Objetivos Estratégicos y el modo de trabajarlos a través de un mapa, exponer cuáles habitualmente se manejan en cada perspectiva. Todos nos recordarán los tipos de estrategias que definimos antes pues su cercanía y familiaridad con estas es enorme, como es de esperar.

6.4.2.1. Objetivos característicos desde la Perspectiva Financiera

1. *Crecimiento*

2. *Sostenibilidad a largo plazo*

3. *Aumentar Rentabilidad*

4. *Maximizar Retorno de las Inversiones* (ROI)

5. *Optimizar Costes*

6. *Asegurar una apropiada Estructura Financiera*

7. *Eficaz Gestión de Activos*

6.4.2.2. Objetivos característicos desde la Perspectiva del Cliente

1. *Incrementar Participación en el Mercado y Adquisición de nuevos clientes*

2. *Satisfacción y Fidelización del cliente estratégico*

3. *Elevar Rentabilidad por cliente*

4. *Optimizar Plazos de Entrega*

6.4.2.3. Objetivos característicos desde la Perspectiva de Procesos Internos

Desde esta perspectiva necesitamos identificar, en conexión con los objetivos de las perspectivas anteriores, aquellos procesos internos relevantes para el desempeño de la organización.

Puede ser el Control de Producción o la Logística en una Planta, la Actividad de Tesorería en una Corporación que crece y enfrenta importantes compromisos, la Gestión de Personas de una entidad de servicios o la Atención al Cliente, etc., siempre serán procesos que soportan los principales objetivos comerciales y financieros de la empresa.

Para cada uno de estos procesos estableceremos objetivos estratégicos asociados principalmente al aumento de la eficacia y excelencia operativa de los mismos.

6.4.2.4. Objetivos característicos desde la Perspectiva de Aprendizaje y Desarrollo

Esta es una perspectiva clave. La base, las raíces, el oficio, los cimientos organizativos se consolidan en este ámbito. Aspectos como la Tecnología, Cultura Organizativa, Alianzas Estratégicas y las Competencias de la empresa, son puntos de alto grado de interés en función de los cuales probablemente debamos pronunciar varios Objetivos Estratégicos. Estas cuestiones muchas veces permanecen como aspectos secundarios sin sentido estratégico para la organización (ver Implementación)

ESTRATEGA. Pensamiento, Herramientas y Acción

Objetivos asociados a la Tecnología:

1. *Desarrollo de Tecnologías Informativas y Sistemas de Información*

2. *Creación de Bases de Datos Estratégicas*

3. *Implementación de Sistemas de Calidad y Supervisión de Sistemas*

Objetivos asociados al Clima y Cultura para la Acción:

1. *Incrementar Incentivos y perfeccionar la Retribución*

2. *Fomentar Motivación, Formación y Concienciación*

3. *Consolidar la Delegación con sentido y eficacia (Empowerment)*

4. *Crear Equipos de Alto Rendimiento*

Objetivos asociados a la creación de Alianzas:

1. *Fortalecer Alianzas estratégicas con Proveedores* (*Comakership*)

2. *Crear Alianzas Estratégicas* (comerciales, tecnológicas, de gestión)

Objetivos asociados a las Competencias-Conocimientos:

1. *Generar Valor con las Competencias Nucleares de la empresa*

2. *Multiplicar las Buenas Prácticas de la organización* (diferencial competitivo)

CAPÍTULO 7. PLANTEAMIENTO TÁCTICO

Definidas las posiciones que debemos conquistar a largo plazo para asegurar nuestra existencia, desarrollo y ventaja, tenemos ahora la necesidad de pensar cómo lo vamos a ir consiguiendo en el tiempo. Entramos en el terreno de la *Táctica*, el momento de optar por acciones concretas a corto plazo y actuar.

Un pensamiento desde el mundo del Ajedrez puede servirnos a todos como excelente guía en esta etapa: "La estrategia es cosa de reflexión, la táctica es cosa de *percepción*" (Euwe, 1901-1981)

El *Planteamiento Táctico* es cuestión de "*percibir*" cómo, en las condiciones presentes, podemos construir una ventaja, aunque sea pequeña, que nos acerque al cumplimiento de nuestros Objetivos Estratégicos. Es plantearnos *Objetivos a Corto y Mediano Plazo* consistentes con las metas futuras, fuerzas y factores claves para el éxito de la empresa; es agudo sentido de la oportunidad explotando al máximo las coyunturas en que nos vemos envueltos.

7.1. Dirección por Objetivos

El Planteamiento Táctico, se infiere, encuentra su sostén en el establecimiento correcto de objetivos a corto y mediano plazo.

"Los objetivos – diría P. F. Drucker – son necesarios en cualquier área donde el desempeño y los resultados afecten de modo directo y vital la supervivencia y la prosperidad de la empresa" (Drucker, 1954. Cit.

por Weihrich, p. 150) "Sin objetivos no hay éxito", completa rápidamente G. S. Odiorne (Odiorne2, p. 72)

Sobre objetivos, y *Dirección por Objetivos*[19] (DPO) se ha escrito mucho. Aquí vamos a tratar sólo una síntesis de aspectos relevantes para abordar con éxito la tarea de establecer objetivos con un horizonte de cumplimiento cercano.

Comenzar reconociendo lo obvio: objetivo es meta, punto de llegada, ni deseos ni funciones de trabajo, es un logro a alcanzar. No se insistirá nunca demasiado cuando se repite que han de ser:

Concretos: ¿Qué vamos a lograr?

Medibles: ¿Qué criterios de desempeño usaremos? ¿Cómo sabremos si lo logramos?

Definidos en el tiempo: ¿Cuándo lo lograremos? ¿En cuántas etapas dividiremos el camino?

Compatibles: ¿Se contradicen unos respecto a otros o expresan una sana coordinación de esfuerzos?

---

[19] La historia ha reconocido como promotor y defensor de esta idea a P. F. Drucker; aunque otros autores advierten su aplicación desde los años 40, basándose en los "Principios del Éxito Psicológico" de C. Argyris o en la "Teoría del Establecimiento de Metas" desarrollada por E. Locke. Aún así, resulta innegable que es a partir de 1954, con P. F. Drucker, que este enfoque toma fuerza.

Jerarquizados: ¿Conozco las prioridades?

Sin estos requisitos un objetivo no nos aporta lo que queremos, más bien se vuelve una posibilidad abierta a la justificación y la complacencia. Cuando son concretos, objetivamente mensurables, enlazados entre sí y monitoreados constantemente en el tiempo sucede otra cosa: arrojan resultados.

Los objetivos, aproximándonos más al concepto, no implican trabajar por funciones sino por compromiso. El énfasis en hacer correctamente el trabajo (el *"best way"* de F. D. Taylor) pasa a ser el énfasis en hacer el trabajo correcto, ofrecer la contribución enfocada en los objetivos de la organización a fin de ser más *eficaces*.

El trabajador, como resultado de esta nueva manera de asumir su responsabilidad, debiera incentivarse y ser capaz de decir: *"Comprendo lo que queremos lograr, sé que tendremos que luchar pero es posible, y vale el esfuerzo"*. Se intuye el corolario de este enfoque que continúa siendo revolucionario y fracasa sólo cuando se aplica mal; al trabajar por objetivos cambia la función de control, evaluamos resultados, apoyamos en la medida justa y con autenticidad.

"El individuo que se conduce por objetivos – sabiendo qué debe conseguir y cómo debe hacerlo – se siente motivado y comprometido con el futuro dibujado para su empresa; siente que sus propios objetivos contribuyen claramente a la consecución de los de la colectividad; se siente igualmente alineado con la cultura (valores, estilos de actuación, etc.) de la organización; tiene información del progreso (*feedback*); se sabe partícipe de las decisiones en su entorno; ve en la Dirección por Objetivos un medio para su realización y desarrollo profesional y personal" (Enebral, 2006)

ESTRATEGA. Pensamiento, Herramientas y Acción

Esta técnica, usada por nosotros como útil para el Planteamiento Táctico, implica un verdadero cambio cultural en las relaciones líder-colaborador. En definitiva, hay que tenerlo muy claro, *"son las personas, y no los objetivos, quienes nos llevan a la meta"* (J. Welch, ExCEO de la General Motors)

Pero a la par de su faceta orientada a modelar una eficaz relación entre jefe y subordinado (Odiorne1, p. 220), la Dirección por Objetivos se define además, y es lo que nos interesa ahora, por su empeño en alinear los esfuerzos y energías de la empresa con la estrategia diseñada. En este sentido viene a ser una "manifestación del Pensamiento Estratégico" (Reiff y Bassfold, 1996) aunque, lamentablemente, "la experiencia demuestra que no siempre se produce esta sintonía o alineación que, sin embargo, resulta tan palmariamente inexcusable" (Enebral, 2006)

La alineación con la estrategia se consigue a partir que tomar la estrategia misma como punto de partida, y poner luego en marcha un proceso o *Dinámica Vertical* que coordine estrechamente los objetivos. De esta forma de nuestros principios de funcionamiento, diagnóstico, criterios fundamentales de decisión, se derivan un conjunto de objetivos a largo plazo que adquieren carácter estratégico. Son formulaciones generales ubicadas, como buena práctica, en las cuatro perspectivas antes mencionadas.

La Corporación o Empresa fijará a partir de ellos los logros a alcanzar en el corto y mediano plazo; constituyen los pasos que tendremos que dar para acercarnos a la visión. Estos objetivos recogen propósitos más específicos, susceptibles de ser medidos de acuerdo al resultado. Normalmente se traducen en *Áreas de Resultados Clave* (ARC. Drucker, 1954)

Cada Proceso, Unidad de Negocio o Área Funcional, hará una lectura cuidadosa de estos Objetivos Corporativos para adecuar sus esfuerzos. Es normal que estos tengan un nivel de precisión todavía mayor, llegando a establecer las condiciones, medios de acción y acciones elementales que se precisen.

¿Quiere decir que en la unidad de negocio o la dirección funcional sólo nos subordinamos a los Objetivos Corporativos? Nos subordinamos, obviamente, pero antes necesariamente participamos, aportamos, enriquecemos la formulación corporativa con las contribuciones que entendemos podemos hacer desde nuestros frentes particulares de trabajo.

CAPÍTULO 8. IMPLEMENTACIÓN

Aplicar la estrategia, ponerla en marcha, implementarla; todas estas expresiones pueden ser usadas para expresar la intención de ejecutar o probar la estrategia que diseñamos. Con este fin es que hemos avanzado hasta llegar a un punto de concreción bastante alto, de una cualitativa declaración de Misión a Objetivos a Corto Plazo enmarcados y medibles.

No obstante a esto, como bien reconoce M. Godet (2000), "a la estrategia no le basta un buen rumbo; necesita también un equipaje preparado y motivado para la maniobra. Por eso, para la empresa, el frente exterior y el frente interior constituyen un solo y mismo segmento estratégico. La batalla no puede ganarse más que en los dos frentes a la vez; o de lo contrario se pierde en ambos" (Godet, p. 62)

Este pensamiento resalta la importancia de la brecha gerencial, y la equipara con la brecha estratégica. La buena implementación reclama de ese recurso clave: la motivación del ser humano. Nada hacemos con oportunidades de mercado, volviendo a la idea de la *Teoría Centrada en los Recursos* (ver Planteamiento Estratégico) si no contamos con capacidad para aprovecharlas.

La Implementación necesariamente ha de movilizar el resorte humano, pero este es un activo *sui géneris*, que plantea en sí un posible problema pues, lo sabemos, "a menudo somos renuentes a empujar hasta el límite de nuestras capacidades, a probar o experimentar cosas nuevas. Por el contrario, resistimos, evitamos, racionalizamos y apuntalamos nuestra auto-decepción de que las cosas están bien como están (...) nos volvemos auto-protectores, acusadores y recelosos y preferimos retirarnos con nuestras falsas ideas intactas que escalar «la cruz del momento» y dejar que mueran nuestras ilusiones consoladoras (...) Resistimos la pérdida de lo que es familiar, la incertidumbre que rodea a cualquier cosa nueva, la inseguridad sobre quiénes somos cuando las cosas con las que nos hemos identificado ya no nos definen" (Goldsmith y Cloke1, p. 23-24)

Podemos, de hecho, ser francamente anti estratégicos, e incluso engendrar contraculturas y camarillas derrotistas que convocan sutilmente al desaliento dentro de la organización, nada que ver con el Actitud Estratégica reseñada al principio. Implementar la estrategia implica superar con exactitud estos niveles de resistencias, mayores a medida que menos participamos en su concepción y sentimos se amenaza nuestra actual posición dentro de la empresa.

Vayamos en busca de una causa general para tanta resistencia, encontraremos tres rasgos negativos y retrógrados presentes en la empresa de hoy: *Jerarquía*, *Burocracia* y *Autocracia* que, alertan J. Goldsmith y K. Cloke (2001) "ponen a la gente a dormir y hace difícil que el comportamiento organizacional sea inteligente, estratégico, integrado y colaborativo. Bajo estas condiciones es difícil aprovechar las oportunidades ocultas, reaccionar rápidamente ante los cambios del entorno, extirpar conflictos sistémicos, aceptar nuevos paradigmas o resolver problemas complejos" (Goldsmith y Cloke2, p. 167)

Implementar la estrategia comienza con un esquema de *participación auténtica* que viene a transformar la cultura, estructuras y sistemas de trabajo de la empresa. Debemos entender la implantación de la estrategia como un proceso continuo de *despertar organizacional*.

ESTRATEGA. Pensamiento, Herramientas y Acción

El equipo o Comité empeñado en llevar adelante la visión estratégica (ver epígrafe 2.2) tendrá que trabajar consistentemente, mucho más a partir de ahora, por obtener transformaciones significativas en el pensamiento, la actitud y conducta de todos. Una estrategia sin este proceso de revolución del frente interno es letra muerta. La Acción del estratega se manifiesta ahora más que nunca.

El cambio que se requiere cuando estamos enfrascados en despuntar y consagrarnos en el mercado nos exige pasar "... de criticar a la gente a apoyar su desarrollo, de resolver problemas a aprender de ellos, de dar respuestas a hacer preguntas, y de hacer cumplir las reglas a alentar los valores... de pasividad a participación, de responsabilidad individual a la de equipos, de toma de decisiones gerenciales a consenso, de competición a colaboración, y de dirección a auto-dirección" (Goldsmith y Cloke2, p.167)

No caben dudas del efecto energizante que recibe la estrategia cuando infundimos a su implementación este giro cultural en las relaciones y formas de trabajo de la empresa. Implementar no es sólo ni tanto monitorear cumplimiento de metas, esta tarea tomada en forma aislada termina siendo enajenante, pues olvidamos una verdad esencial: el proceso de andar hacia la meta debe ser significativo y disfrutarse. Implementar la estrategia es entonces afianzar en la organización un sentido estratégico compartido, un hábito de dar lo mejor como única posibilidad de éxito.

Pasar de las buenas intenciones a la obtención de resultados es el bautismo de toda filosofía. Con este fin propongo formular, además de los objetivos orientados al frente externo, objetivos concretos que puedan medir la calidad de nuestra implementación. En este sentido es válido hacer una síntesis del pensamiento de J. Goldsmith y K.

Cloke (2001) y resumir el siguiente conjunto de objetivos para una eficaz implementación de la estrategia (ver figura 8)

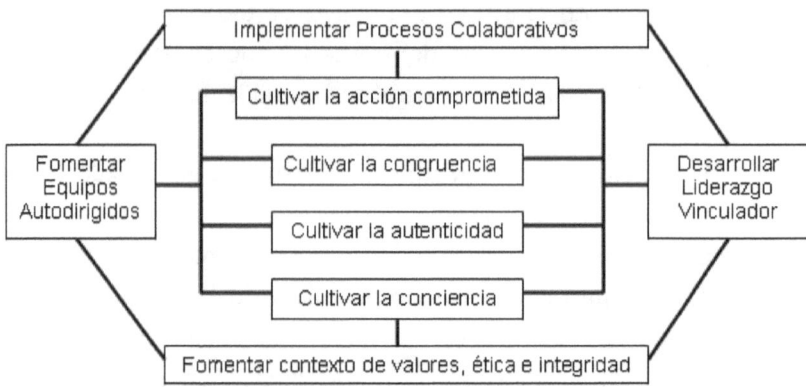

Figura 8: Claves de un sólido proceso de cambio e implementación

Un liderazgo que ponga a las personas y áreas de la empresa en contacto y relaciones de colaboración, que estimule la capacidad de actuar con autonomía y compromiso, que nos eduque en la congruencia y la autenticidad suficiente para actuar por convicción, que nos mantenga atentos a toda posibilidad de cambio y mejora; un liderazgo así hará que la estrategia se aplique (un por ciento alto de estrategias, reitero, nunca se aplican) y que constantemente se renueve propiciando sucesivos ajustes de la empresa a su entorno.

Los ocho objetivos propuestos tendrán el valor de funcionar como acicate y fuente de aprendizaje continuo. Perfectamente pueden constituirse en indicadores de retroalimentación dentro de la *Perspectiva de Aprendizaje y Desarrollo* de nuestro Cuadro de Mando Integral complementando el análisis del resto de los indicadores tradicionales. Estos objetivos son en sí un desafío profundo que se plantea sólo a los "buenos jugadores", estrategas genuinos en acción.

EPÍLOGO

Para nuestra satisfacción hemos recorrido y compartido un largo camino. Nos sentimos armados de un esquema de trabajo que nos permite acometer próximos ejercicios estratégicos, tenemos una visión del proceso y varias tecnologías a nuestro alcance pero, sobre todo vimos que la estrategia pasa por una profunda cuestión de actitud (*estratégica*) y de habilidad para enlazar esfuerzos y trabajar juntos.

Hablar de estrategia, curiosamente, puede llevarnos a recordar aquella definición que hiciera A. de Saint-Exupery respecto al acto de amar: "... no es mirarse el uno al otro; es mirar juntos en la misma dirección". De eso trata la estrategia en resumen, de comprometerse con una visión compartida, de no malgastar esfuerzos por falta de alineación, de no dejarse ganar por el desánimo o los intereses mezquinos.

Podríamos errar quizás en la valoración técnica que hagamos de un posible escenario o fuerza competitiva, tal vez no comprendamos con la celeridad requerida la importancia de un factor crítico para el éxito de un negocio; nada de esto será definitorio si hemos revolucionado nuestra manera de pensar y trabajar con el ser humano, si estamos en condiciones de conservar nuestra dignidad y motivación, si todos contamos con espacios de colaboración acorde a las capacidades que nos distinguen, si creamos los procesos de ajuste, comunicación y aprendizaje necesarios.

Los Recursos Humanos, en este entorno que algunos denominan Nueva Economía o Sociedad del Conocimiento, ganan para la estrategia una relevancia inigualable. El Aprendizaje Organizacional se convierte en el verdadero origen de la ventaja empresarial (Dierickx y

Cool, 1989; Amit y Schoemaker, 1993) y la obtención de estas ventajas se concibe sobre la base de una adecuada gestión de personas en la empresa (Kamoche, 1996; Lorange, 1996; Mueller, 1996)

Las personas, desde esta reflexión, no son sólo los actores del proceso estratégico, constituyen a su vez una *Variable Crítica de Competitividad*, un recurso diferencial. Probablemente esta sea la razón por la cual la gestión de los recursos humanos se encuentre sujeta en el presente a tan importantes desafíos.

Sobre este particular es que deseo insistir a modo de reflexión final.

Nada haremos con el bagaje metodológico y la apropiación de las herramientas descritas en este libro si no ponemos al ser humano como centro. Al final es con él y para él que trabajamos.

Nos sucede que estamos compitiendo con (y por) nuestros Recursos Humanos, un Capital Intelectual y Humano cada vez mejor cotizado en el Mercado Laboral. Se hace clara la necesidad, en cualquier empresa, de aprender cómo fomentar campeones internos, gente capaz e implicada que un día cualquiera se pregunten en medio de la jornada: *¿Me emplearé a fondo? ¿Aprenderé a la velocidad requerida? ¿Sé cuál es mi capacidad? ¿Podré compartir el conocimiento?*, y su respuesta sea un seguro Sí.

Incentivar aprendizajes efectivos y multiplicarlos en la organización consiguiendo niveles superiores de desempeño y competitividad se convierte en estos días en un problema estratégico de primer orden.

Con el aumento de valor del Capital Humano aparece otro efecto notorio, la intensificación de lo que se ha dado en llamar "Guerra por el Talento" (McKinsey & Co., 1997) Correlativamente observamos como se incrementa la rotación de personas, especialmente los trabajadores más calificados y valiosos, pues todas las empresas apuestan al mejor, y una nueva situación de "poder del empleado" se configura frente a nosotros.

Varios expertos llaman la atención sobre como deja de ser la empresa y comienza a ser el hombre, dueño del Capital Intelectual, quien "controla la situación". En este sentido "se producirá el mismo fenómeno que ha tenido lugar en el área de relaciones con los clientes" (Improven Consultores, 2002) Ya aparece, aunque a veces sólo se maneje en forma implícita, el concepto de "segmentos de empleados", cada uno de ellos diferente del resto y con propuestas de valor ajustadas a sus niveles de contribución, tal y como sucede en el área de gestión de clientes.

Fidelizar al trabajador que realiza los aportes más significativos a la empresa y posicionarse en el Mercado Laboral[20] como una institución atractiva a los ojos de quienes están en condiciones de trabajar se convierte en otro de los no fáciles desafíos que enfrenta la organización moderna en busca de competitividad.

Un último tema que consigue llamar nuestra atención y poner el acento sobre este nuevo conflicto estratégico es la modificación drástica que van sufriendo las técnicas de reclutamiento y selección.

---

[20] Esta acción se conoce como "Employer Branding", un sistema de gestión de la marca de la empresa, su nombre comercial e imagen corporativa para atraer el talento hacia la misma.

ESTRATEGA. Pensamiento, Herramientas y Acción

No es más que un corolario de lo que comentamos. Si vamos a competir con y por los trabajadores más capaces tendremos que aprender a implementar planes fuertes de reclutamiento con los mismos análisis e investigaciones que un plan básico de marketing. El buscador de empleo debe ser entendido de la misma manera que un cliente potencial (Capelli, 2001. Cit. por Pin, Loarden y Sáenz-Diez, 2001)

Un examen rápido de nuestro entorno evidencia que la actividad de aprovisionamiento de personas se ha enriquecido notablemente. Ideas y métodos más o menos novedosos encuentran ahora la necesidad imperiosa de ser aplicados.

Se ponen en boga las Ferias de Reclutamiento Universitario (Pacheco, 2004), se consolida el Mercado Laboral Online y la práctica del reclutamiento en este medio (*e-recruitment*); los Cazadores de Talentos o *Head Hunters* no son una figura extraña dentro del reclutamiento especializado. Ganan predominio las técnicas de selección con enfoque en competencias y grados de validez predictiva muy superior a lo tradicional: Entrevista de Eventos Conductuales (*Behavioral Event Interview*), Entrevistas Situacionales (*Situational Interviews*), Pruebas de Rendimiento Profesional o *Trader Tests*, y el Assessment Center, metodología de excelencia donde se organiza una evaluación real del comportamiento en un ambiente simulado.

La organización que no se sume a esta *renovación* del proceso de aprovisionamiento del Capital Humano probablemente se descapitalice, no sería extraño: malas selecciones, grandes costos inútiles en formación, oportunidades desperdiciadas, proyectos abandonados, insatisfacción de clientes, deterioro de la dinámica interna de los equipos de trabajo, fluctuación... perdida de competitividad.

ESTRATEGA. Pensamiento, Herramientas y Acción

El mensaje que deseo dejar en el lector es claro: Estrategia y Gestión de los Recursos Humanos han devenido en un binomio inseparable. Asumir al ser humano en su lugar de principal actor del proceso estratégico y dueño indiscutible de un recurso vital, inteligencia y motivación, sin dudas nos conducirá a un uso más inteligente de las tecnologías puestas a nuestra disposición, así como a la toma de mejores decisiones.

RESUMEN SUMARIO POR CAPÍTULOS

1. LA ACTITUD ESTRATÉGICA

Capítulo en el que se asume un tema por lo común obviado dentro de la temática estratégica: la personalidad, los rasgos distintivos del propio estratega. Aquí se abordan y ejemplifican, aportando un esquema comprensivo, los principales atributos que distinguen a un posible prototipo universal de estratega.

2. EL PROCESO ESTRATÉGICO

La estrategia puede abordarse como proceso o por su contenido mismo. En términos de proceso es importante comprender los rasgos que debe mostrar la forma en que conducimos nuestro trabajo de reflexión, planeación y puesta en marcha de la estrategia. Un proceso inspirador, abierto al cambio y el aprendizaje, donde se generan opciones a todos los niveles constituye la propuesta de este apartado.

3. ÚTILES PARA LA REFLEXIÓN ESTRATÉGICA

Son pocos los trabajos que se proponen recoger útiles e instrumentales, a modo de compendio, para viabilizar nuestro trabajo como gestores estratégicos. Estas herramientas son bastante desconocidas o "mal conocidas", difíciles de encontrar en la literatura especializada, tampoco se usan coordinadamente. El propósito del capítulo 3 es proveer la tecnología necesaria para la reflexión estratégica. Entre otras veremos el Árbol de Competencias, el Análisis de la Cadena de Valor, Análisis Morfológico, etc.

4. DIAGNÓSTICO ESTRATÉGICO

Las herramientas anteriores confluyen, en su producto, en lo que conocemos como Diagnóstico Estratégico. Aquí se revisa la Matriz de Balance de Fuerzas, popularmente conocida como Matriz DAFO, se introduce la necesidad de operar con las nociones de Fuerza Impulsora y Factores Críticos de Éxito (FCE) y se termina mostrando un resumen del proceso de Reflexión y Diagnóstico, de forma que le resulte fácil al lector cerrar esta unidad de conocimiento.

5. VALORES – MISIÓN – VISIÓN

Aun cuando representan aspectos bastantes conocidos, se destacan aquí los frecuentes errores, el valor significativo de estas formulaciones, su lugar central dentro de la gestión estratégica. Se hace difícil imaginar documentos con mayores valores estratégicos e internamente entrelazados que la declaración de valores estratégicos, misión y visión. Este capítulo explora exhaustivamente todo el proceso de elaboración de dichas declaraciones, ejemplos prácticos y alertas precisas constituyen su contenido.

6. PLANTEAMIENTO ESTRATÉGICO

Con frecuencia se confunde estrategia y diagnóstico estratégico. Es ahora cuando se clarifica plenamente este punto, se explican las principales Estrategias Genéricas y sus niveles de aplicación corporativo a para unidades de negocio. Tipologías como la de Porter o Miles y Snow, o las clasificaciones de estrategias de Mantenimiento, Expansión, Diversificación, Saneamiento o Liquidación constituyen una excelente y esclarecedora ayuda para el directivo por el valor descriptivo de tales alternativas.

Dentro de este capítulo se aborda también la elaboración de los Objetivos Estratégicos, y una herramienta especial: el Mapa Estratégico con sus perspectivas características: finanzas, cliente, procesos internos y aprendizaje.

7. PLANTEAMIENTO TÁCTICO

El quid de este acápite es la Dirección por Objetivos: qué nuevo carácter introduce esta técnica en las relaciones entre jefes y subordinados, cómo han de formularse los objetivos a corto plazo, qué principios prácticos debemos respetar. En torno a estas cuestiones ronda el planteamiento táctico de nuestra estrategia.

8. IMPLEMENTACIÓN

He aquí un momento eminentemente humano, donde lo tecnológico cede a las relaciones humanas, donde se hace evidente la necesidad de un cambio raigal cuando hablamos de estrategia. Ahora aparece el concepto de Cultura Empresarial y con ella una nueva noción de empresa donde prima el liderazgo democrático, ubicuo y vinculador, en el que se promueven los equipos autodirigidos y la autocracia y la jerarquía se sustituyen por la meritocracia y un ambiente de valores. Se ofrece también una guía apropiable para dar correcta dirección a este momento de la estrategia que resulta vital.

EPÍLOGO

Hacemos un resumen, un recuento para extraer una última idea: el factor humano decide, con él y por él se compite en la actualidad, es la nueva Era del Conocimiento. Una concepción estratégica centrada en los recursos, en el Aprendizaje Organizacional y la Gestión del Capital Humano como fuente de ventajas resulta ser la conclusión que cierra este libro.

BIBLIOGRAFÍA

Amit, R. y P. Schoemaker: "Strategic Assets and Organizational Rent" en Strategic Management Journal, Vol. 14, 1993. pp. 33-46.

Beal, R. M.: "Competing effectively: environmental scanning, competitive strategy, and organizational performance in small manufacturing firms" en Journal of Small Business Management, Vol. 38, 2000. pp. 27-47.

Buzzell, R. D., B. T. Gale y R. M. Sultan: "Market share: a key to profitability" en Harvard Business Review, vol. 53, No. 1, 1975. pp. 97-106.

Cabello, C. y otros: "Tipología estratégica de Miles y Snow y factores competitivos: un análisis empírico" en Revista CEDE, No. 7, Asociación Científica de Economía y Dirección de Empresa. Disponible en: http://www.acede.org/men3c_7.htm

Calori, R., y J. M. Ardisson: "Differentiation Strategies in StalemateIndustries" en Strategic Management Journal, No. 9, 1988. pp. 255-269.

Chan Kim, W. y R. Mauborgne: Blue Ocean Strategy: How to Create Uncontested Market Space and Make Competition Irrelevant. Harvard Business School Press. Boston, 2005

Dierickx, I. y K. Cool: "Asset Stock, Accumulation and Sustainability of Competitive Advantage" en Management Science, Vol. 35, 1989. pp. 1504-1511.

Drucker, P. F.: Gerencia para el Futuro. El decenio de los 90 y más allá. Grupo Editorial NORMA. Colombia, 1993.

Enebral, J.: Cincuenta Años de Dirección por Objetivos. Octubre, 2006. Disponible en: http://www.gestiopolis.com/canales/gerencial/articulos/53/50dpo.htm

Farson, R.: Administración de lo Absurdo. Paradojas en el Liderazgo. Prentice Hall, Edición Digital, México, 1997.

Ferguson, C. y R. Dickinson: "Critical Success Factors for Directors in the Eighties", en Business Horizons, Mayo-Junio, 1992.

Fernández, A.: "El Balanced Scorecard. Ayudando a Implantar la Estrategia" en Revista de Antiguos Alumnos, IESE, marzo 2001. Disponible en: www.ee-iese.com/81/afondo4.html

Galbraith, C. y D. Schendel: "An empirical analysis of strategy types" en Strategic Management Journal, vol. 4, 1983. pp. 153-173.

García, M. y R. Sabater: "Relaciones entre Estrategia y Ciclo de Vida de la Empresa" en Revista Estrategia, Conocimientos e Innovación, No. 20, diciembre 2003-enero 2004. Disponible en:

http://www.madrimasd.org/revista/revista20/investigacion/proyectos1.as

Godet, M.: La Caja de Herramientas de la Prospectiva Estratégica. GERPA, cuarta edición actualizada. París, 2000.

Goldratt, E. M.: La Meta. Un proceso de mejora continua. The North River Press, Great Barrington, Edición ampliada, 1999.

Goldsmith, J. y K. Cloke1: El Arte de Despertar a la gente. Cultivando la Autenticidad y Conciencia en el Trabajo. Publicado por el Centro Coordinador de Estudios de Dirección (CCED) Ministerio de Educación Superior. La Habana, 2002.

Goldsmith, J. y K. Cloke2: El Fin del Management... y el Surgimiento de la Democracia Organizacional. Publicado por el Centro Coordinador de Estudios de Dirección (CCED) Ministerio de Educación Superior. La Habana, 2001.

Grant, R. M.: Dirección Estratégica. Conceptos, Técnicas y Aplicaciones, Civitas, Madrid, 1996.

Grimaldi, R.: Concepción de Productos y Servicios. Edición SEBRAE. Brasilia, 2001.

Grimaldi, R. 2: Identificando Oportunidades de Negocio. Edición SEBRAE. Brasilia, 2001.

Hammel, G. y C. K. Prahalad1: "El Propósito Estratégico" en Harvard Deusto Business Review, 1º trimestre, 1990. pp. 75-94.

Hammel, G. y C. K. Prahalad2: Competing for the future: Breakthrough Strategies for Seizing Control of your Industry and Crating Markets of Tomorrow. Harvard Business Scholl Press, Boston, 1994.

Hart, S. L.: "An Integrative Framework for Strategy-Making Processes" en Academy of Management Review, Vol. 17, No. 2, abril, 1992. pp. 327-351.

Hax, A. C. y N. S. Majluf: Estrategias para el Liderazgo Competitivo. Granica. Buenos Aires, 1997.

Herbert, T y H. Deresky: "Generic strategies: an empirical investigation of typology validity and strategy content" en Strategic Management Journal, vol. 8, 1987. pp. 135-147.

Hofer, C.W. y D. Schendel: Strategy Formulation: Analytical Concepts. Ed. West Publishing Co., St. Paul, 1978.

Improven Consultores: La guerra por el Talento. Junio 2002. Disponible en:

http://www.gestiopolis.com/canales/derrhh/articulos/39/talento.htm

Kamoche, K.: "Strategic Human Resource Management within a Resource-Capability View of the Firm" en Journal of Management Studies, vol. 33, No. 12, marzo, 1996. pp. 213-233.

Kaplan, R. S. y D. P. Norton: "Having trouble with your Strategy? Then Map It" en Harvard Business Review, septiembre-octubre, 2000. pp 167-176.

Klein, N.: El Nuevo Mundo de las Marcas. Editorial de Ciencias Sociales, La Habana, 2005.

Kotler, P.: Dirección de Marketing. Análisis, Planificación, Gestión y Control. 7ma Edición, Prentice Hall, Madrid, 1992.

Lorange, P.: "A Strategic Human Resource Perspective Applied to Multinational Cooperative Ventures" en International Studies of Management and Organization, Vol. 26, No.11, 1996. pp. 87-103.

Lundin, S. C., H. Paul y J. Christensen: FISH! La Eficacia de un Equipo radica en su Capacidad de Motivación. Ediciones Urano S. A., Barcelona, 2000.

Mentruyt, O.: Creatividad e Inteligencia. Marzo 2002. Disponible en:

http://www.monografias.com/trabajos10/monogra/monogra.shtml

Mintzberg, H.: "Generic Strategies: Toward a comprehensive framework" en Advances in Strategic Management, vol. 5, 1988. pp. 1-67.

Mintzberg, H. y J. A. Waters: "Of Strategies deliberate and emergent" en Strategic Management Journal, 1985. pp. 257-272.

Morrisey, G. L.: Pensamiento Estratégico. Construyendo los Cimientos de la Planeación. Prentice Hall. Edición Digital. Florida. 1995.

Mueller, F.: "Human Resources as Strategic Assets: An Evolutionary Resource-based Theory" en Journal of Management Studies, vol. 33, No. 16, noviembre, 1996. pp. 757-785.

Odiorne, G. S.1: Administración por Objetivos: nuevo sistema para la dirección. Limusa, México, 1994.

Odiorne, G. S.2: El Lado humano de la Dirección. Díaz de Santos, Madrid, 1990.

Ohmae, K.: La Mente del Estratega. McGraw-Hill / Interamericana de España S. A. 1990.

Pacheco, O.: Talentos direto da fonte. ¿Por que grandes corporações investem nas feiras de recrutamento dentro das universidades? " en Canal Rh, Año 4, No. 37, agosto de 2004. pp. 7-9.

Pin, J. R., M. Loarden y I. Sáenz-Diez: Internet Recruiting Power: Opportunities and Effectiveness. Research paper No. 439. Julio 2001.

ESTRATEGA. Pensamiento, Herramientas y Acción

Publicado por The International Research Centre on Organizations (IRCO) Universidad de Navarra, España

Porter, M. E.: Competitive Advantage. The Free Press, Nueva York, 1985

Reiff, W. E. y G. Bassford: "¿Qué es realmente la DPO?: Las funciones directivas" en De la Estrategia al Resultado. Integración de la Gestión. Labor S. A., Barcelona, 1996. pp. 99-111.

Ribas, J. F.: Cómo piensa un Estratega. Marzo 2002. Disponible en: http://www.gestiopolis.com/canales/gerencial/articulos/63/estratega.htm

Rumelt, R. P.: Strategy, Structure and Economic Performance. Harvard University Press, Boston, 1974.

Schein, E.: Psicología de la Organización. Prentice-Hall. México, 1992.

Teece, D.J., G. Pisano y A. Shuen: "Dynamic Capabilities and Strategic Management" en Strategic Management Journal, No. 18, 1997. pp. 509-533.

Thompson, A. A. y A. J. Strickland III: Dirección y Administración Estratégica. Conceptos, Casos y Lecturas. Ed. Addison-Wesley Iberoamericana, S. A. Wilmington, Delaware, 1994.

Tregoe, B. B. y J. Zimmerman: Top Management Strategy: What is it and How to Make it Work? Simon & Shuster, Nueva York, 1980.

Weihrich, H.: Excelencia Administrativa. Productividad mediante Administración por Objetivos. Universidad de San Francisco, 1995.

www.ingramcontent.com/pod-product-compliance
Lightning Source LLC
Chambersburg PA
CBHW030849180526
45163CB00004B/1505